COLLECTION

DES

LIVRETS

DES

ANCIENNES EXPOSITIONS

DEPUIS 1673 JUSQU'EN 1800

SALON DE 1795

XXXVIII

PARIS

LIEPMANNSSOHN, ÉDITEUR

11, rue des Saints-Pères

JUILLET 1871

EXPOSITION

DE 1795

—

XXXVIII

COLLECTION

DES

LIVRETS

DES

ANCIENNES EXPOSITIONS

DEPUIS 1673 JUSQU'EN 1800

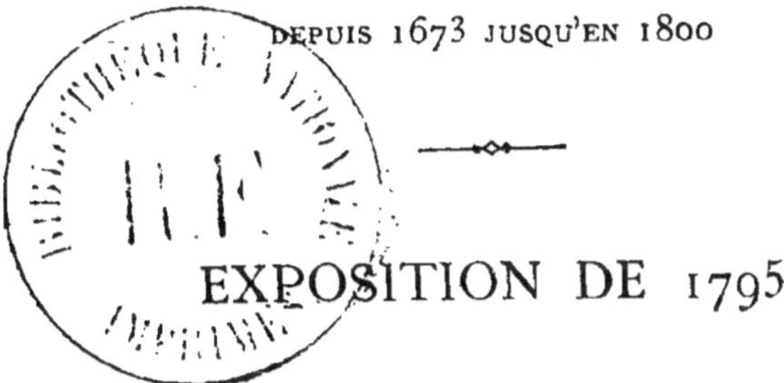

EXPOSITION DE 1795

PARIS

LIEPMANNSSOHN, ÉDITEUR

11, rue des Saints-Pères

JUILLET 1871

NOMBRE DU TIRAGE

DU LIVRET DE 1795.

375	exemplaires	sur papier vergé.
25	—	sur papier de Hollande.
10	—	sur chine.

N°

Ce livret est vendu seul 4 fr.

NOTICE BIBLIOGRAPHIQUE.

Livret :

Tous les exemplaires ont le même nombre de pages et de numéros. La peinture va du nº 1 à 535; la sculpture (p. 65), de 1001 à 1089; l'architecture (p. 76), de 2001 à 2063; la gravure, de 3001 à 3048. Ce qui fait en résumé 535 nºs de peinture, 89 de sculpture, 63 d'architecture et 48 de gravure, ou en tout 735 nºs.

Nous avons noté pourtant des différences, peu sensibles il est vrai, mais qui ne constituent pas moins deux et même trois tirages. Sur l'un d'eux, qui serait le premier, au titre, le nom de l'imprimeur est ainsi indiqué : de l'Imprimerie du Batave, Cloître Saint-Germain l'Auxerois, nº 32. Ce tirage serait d'ailleurs presque identiquement semblable au suivant, qui se distingue de la dernière édition, suivie dans cette réimpression, par les différences qui suivent (les lecteurs pourront juger des variantes en se reportant au texte du livret actuel) :

Nº 57. Un Tableau. (Le sujet n'a point été désigné par l'Auteur.)

Manque après n° 126 : et autres Tableaux sous le même numéro.

N° 205. Le C. Dumantoy.

P. 38. Par le cit. *Landey*, au lieu de *Landry*.

N° 283. Le C. Paré, ex-Ministre.

N° 286. Le C. Jean Debrie, député.

N° 287. Le C. Pelée, de la Lozère, député.

N° 325. Un Dessin.

P. 49. Par le Cit. *Pajou* fils, rue Froid-Manteau.

N° 437. Fragments de Rome antique. Cinq Tableaux dont....

A la suite : Par la Cit. *Romany* (Adèle).

Manque après 465 : et autres tableaux sous le même numéro.

N° 503. Un Tableau. Prix du...

N° 519. Jeune femme, assise sur un canapé, tenant dans....

Manque après 526 : et autres tableaux sous le même numéro.

A la suite : Par le cit. *Vignalis*, à Rome.

ARCHITECTURE.

Par le C. *Peyre...*, manque : et à Fontainebleau.

CRITIQUES :

Journal de Paris : 24 Brumaire (Plainte d'un particulier sur ce qu'on ne pouvait entrer au Salon avec un parapluie, une canne ni un manteau), 15 frimaire.

Examen critique et concis des plus beaux ouvrages exposés au Salon du Louvre de cette année 1795, par J. H. de la Ser***. *Ludere non lœdere.* A Paris, l'an quatrième, in-8, 8 pages.

Critique sur les tableaux exposés au Salon en l'an IV, in-8, d'une demi-feuille. Imp. de Mme Herissant-Ledoux, à Paris. (En vers) Signé B***.

EXPLICATION

DES

OUVRAGES DE PEINTURE, SCULPTURE, ARCHITECTURE, GRAVURE, DESSINS, MODÈLES, ETC.

Exposés dans le Grand Sallon du Musœum, au Louvre,

Par les Artistes de la France,

SUR L'INVITATION

DE LA COMMISSION EXÉCUTIVE

DE L'INSTRUCTION PUBLIQUE,

Au Mois Vendémiaire, An quatrième de la République Française.

Prix : CINQ livres.

A PARIS,

De l'Imprimerie de la Veuve Hérissant, rue de la Parchèminerie, N° 3.

AVERTISSEMENT.

Aux deux Sallons derniers, on avoit imaginé, pour épargner au Public la peine de feuilleter souvent ce Livret, de poser sur les Ouvrages les numéros de suite, mais l'expérience a prouvé que cet ordre est impossible à tenir, et que le Public ne sait point gré de cette précaution minutieuse et inutile. Il veut se porter où les objets l'attirent le plus; mais afin de lui donner toute la facilité possible de trouver ce qu'il désirera chercher dans ce Livret, on a divisé par Série la PEINTURE, *la* SCULPTURE, *l'*ARCHITECTURE *et la* GRAVURE. *Dans cette dernière, on a compris les artistes qui se sont présentés comme simples Dessinateurs, comme Méchaniciens, ou exerçans des talens qui tiennent au Dessin.*

Pour rendre une lattitude suffisante, chaque Série est de mille. Ainsi celle de la Peinture *commencera depuis le N° 1 jusqu'à* 1000 *inclusivement, s'il y a lieu; celle de la* Sculpture *à* 1001, *celle de l'*Architecture *à* 2001, *et celle de la* Gravure *à* 3001.

Afin de n'affecter aucune préférence incompatible avec la parfaite Egalité, tous les artistes seront placés dans leur Série respective par ordre alphabétique. Ils auront chacun leur Nom et leur demeure, en tête de la Notice de leurs Ouvrages.

Si quelquefois on cherche en vain dans le Sallon des Morceaux annoncés dans le Livret, cela vient de ce que quelques Artistes, espérant avoir fini les ouvrages auxquels ils travaillent encore, n'ont pu avoir terminé, ou bien de ce que les possesseurs de leurs Morceaux se sont refusés à les leur prêter pour l'exposition; ainsi, ce manque de parole ne peut être attribué ni aux Artistes, ni au Conservatoire chargé de l'arrangement et de la décoration du Sallon.

DISCOURS PRÉLIMINAIRE.

De tous les moyens d'exciter l'émulation parmi les Artistes, il n'en est pas de plus puissans que ces Lices ouvertes à tous, dans lesquelles les talens essayent leurs forces les uns contre les autres. Ces joûtes étoient en usage chez les Grecs, avec qui nous avons tant de traits de ressemblance. Les Villes même luttoient entr'elles à qui renfermeroit dans leur sein les plus belles productions des arts et les Monumens les plus fameux. S'agissoit-il à Athènes, à Rhodes, à Corinthe, à Sicyone, enfin dans toute la Grèce, d'élever une Statue à leurs Divinités, hommes et femmes de tous états s'empressoient de se montrer sans voile aux yeux des Statuaires, et se glorifioient d'avoir été choisis par eux, pour produire un Chef-d'œuvre, qui l'emportât sur ceux des villes rivales.

Mais sans parler de cette ambition de Ville à Ville, qui, chez ces Peuples ingénieux, étoit la suite de leur passion pour les beaux Arts; les concours, entre les

Artistes, sont d'absolue nécessité, pour les arracher au sommeil et donner de l'extension à leur génie créateur. Mais il est différentes espèces de concours plus ou moins salutaires.

Pour les Élèves, on ne sauroit trop multiplier les joûtes entre eux. Ce sont de jeunes Coursiers, qu'il faut exercer tous les jours. Ils n'ont point encore de lauriers à flétrir : Ils sont vaincus aujourd'hui, demain ils seront vainqueurs. Leur chûte est toujours légère et n'a point de suites dangereuses.

Il n'en est pas de même pour les Artistes déjà entrés en réputation. Les concours ouverts, par exemple, pour tels ou tels travaux publics, quoique bons en eux-mêmes, ont des inconvéniens. Leur vice inhérent est de n'offrir qu'un prix à remporter entre des Athlètes déjà renommés. Ceux qui jouissent le plus de réputation, dans le doute d'un succès, dont personne ne peut répondre, dans la crainte d'exposer leur gloire à une atteinte, et leur amour-propre à une humiliation, peuvent ne pas se présenter ; c'est un malheur pour le bien de la chose, mais cela peut arriver. L'Artiste de mérite ne se met pas en avant, il attend qu'on l'appelle. Il n'aime point à lutter en quelque sorte corps-à-corps et sur un même sujet avec l'Emule dont il estime le talent. Quand il a l'âme noble, tout véritable Artiste doit l'avoir, il ne veut ni humilier son rival, ni l'être par lui. Ainsi, par une fierté, un orgueil si l'on veut, attaché au grand mérite, les concours de ce genre peuvent n'attirer que de foibles concurrens.

Entre habiles gens les seuls concours, qui font éclore des merveilles, sont ceux où les Artistes, livrés à leur propre génie, libres dans le choix du sujet qu'ils traitent, sans redouter une défaite affligeante, sans anxiété, travaillent avec liberté d'esprit, espérant exposer leurs travaux au public éclairé, qu'ils prennent pour juge. Ce public, qui est juste, quand il n'est point agité par une impulsion étrangère, ne donne pas pour une seule couronne. Il en donne à celui-ci pour la grace, à celui-là pour l'énergie, à l'un pour la correction, à l'autre pour les idées heureuses; en sorte que chacun s'en retourne avec la palme qu'il mérite. Tous sont contens & encouragés; tandis que les concours, dont on vient de parler, font naître les cabales, les haines, le découragement et la jalousie.

Les concours vraiment utiles sont donc les expositions publiques et sans exception. Si elles ont l'inconvénient d'entendre quelquefois se mêler dans ce concert quelques voix foibles et discordantes avec d'excellens chanteurs, il est léger pour le bien qui en résulte. C'est aux ordonnateurs de ces sortes d'expositions, à jetter ces foibles voix dans les Chœurs, et à faire jouer des *Solo* aux grands *Virtuoses*. C'est dans ces rendez-vous généraux que le Gouvernement pourra distinguer ceux que des succès constans tirent de la foule; y remarquer ceux qu'il faut employer dans les occasions majeures, ou encourager et développer par quelques travaux. Il est donc à souhaiter, et tout le fait espérer, qu'à des époques périodiques les Artistes continuent à être invités à ces rendez-vous, mais pourtant sans infliger de peines à ceux qui se tiendroient à l'écart. Si le talent a de la fierté, il a aussi ses caprices et ses bizarreries, témoin Rousseau l'immortel. On peut trouver des Diogènes, qui ne veulent point sortir de leur Tonneau; il faut alors, qu'à l'exemple d'Alexandre, l'œil de la Nation les y aille visiter.

Si, dans ces Expositions si salutaires et si honorables aux Arts, les Artistes, après les persécutions et les fureurs du Vandalisme, après s'être vus suspendus dans leurs travaux par la terreur, étoient encore atteints des morsûres d'une critique injuste et envenimée, qu'ils songent que la Nation leur ouvre son Palais, les couvre de son Egide, les regarde et les console.

EXPLICATION

Des Ouvrages de Peinture, Sculpture, Architecture, Gravure, Dessins, Modèles, etc. Exposés dans le Sallon du Muséum, au mois Vendémiaire, An 4e de la République.

PEINTURE.

PREMIÈRE SÉRIE.

Par le C. *Ansiaux*, rue de la Monnoie, nº 15.

Nº 1. Tableau de Famille.
2. Le Détenu. Portrait.
3. La Colombe chérie.
4. Cadre contenant des Miniatures à l'huile.

Par le C. *Aubée*, rue Froidmanteau, nº 185.

5. Cadre renfermant plusieurs Portraits.
6. Dessin d'une Tabagie.

Par le C. *Audebert*, rue Mazarine, nº 154.

7. Cadre contenant plusieurs Portraits en Miniature, dont l'un est celui du Cit. *Le Vaillant*, Auteur du Voyage en Afrique, chez les Hottentots.

Par le C. *Augustin*, Place des Victoires, n° 15.

8. Cadre renfermant plusieurs Portraits en Miniature, celui de l'Auteur, un autre d'après Greuze et autres.

Par la Citoyenne *Auzou*, rue d'Anjou au Marais, n° 11.

9. Le Portrait du C. Volney, Professeur des Ecoles Normales.

6 pieds 8 p. de haut, sur 5 p. 2 p. de large.

10. Portrait de Femme.

11. Daphnis et Philis. Sujet tiré de Gesner.

Daphnis présente à son Père, Philis, sa Bergère chérie. Amyntas, après l'avoir considérée attentivement, s'écrie : Ah ! quels traits mes yeux découvrent sur ton visage ingénu ! Ce sont ceux de Palémon ! Oui : ce sont les traits du plus sincère des Amis !

Par le C. *Baltard*, rue Saint-Marc.

12. Paysage dans le genre des vues d'Italie.

13. Dessin de paysage, représentant un soleil couchant et quelques personnages écoutant une musicienne près d'un temple d'Apollon.

14. Deux Dessins, l'un offrant un site sauvage et montueux, l'autre une campagne riche et cultivée, destinés à faire partie d'un ouvrage, dont la souscription est ouverte chez Sallior, successeur de Didot Jeune, quai des Augustins, n° 22.

15. Deux Dessins, l'un un clair de Lune et l'autre une Solitude.
16. Vue de Tivoli.
17. Quatre Dessins dans le même Cadre.
18. Un Paysage orné de Fabriques.

Tous ces Dessins sont faits à Rome.

Par le C. *Bardin*, P. et Professeur à l'Ecole d'Orléans.

19. Iris envoyée par Jupiter, pour défendre à Junon et à Minerve de porter secours aux Grecs contre les Troyens. *Iliade*, L. VIII.
20. Fêtes de Bacchus.

Ces deux Dessins appartiennent au C. Dejoux, Sculpteur.

Par le C. *Bazin*, rue des Prêtres Saint-Germain-l'Auxerrois, n° 9.

21. Adam et Eve, au moment du repentir.

6 pieds 6 pouces sur 4 pieds 3 pouces.

Par le C. *Bellier* (J.), rue Montmartre, au coin du Boulevard.

22. Cinq Portraits ovales.
23. Paysages. On y voit des Baigneuses.
24. Une Marine.

Par le C. *Bertaux*, rue des Postes, n° 48.

25. Marche de Bagages.
26. Un Camp.

Par le C. *Bertrand* (Guillaume), Marché-Palu, près le petit Pont, n° 9.

27. Vue du petit Châtelet, prise du côté du Nord.
28. Vue de Champeaux, près Montmorency.
29. Trois Têtes de jeunes Garçons.
30. Bas-relief imitant la terre cuite.
31. Un Loir & des fruits.
32. Un Panier & des fruits.
33. Quatre autres Tableaux de divers fruits.

Pastels.

34. Une Tête de Vieillard.
35. Une Tête de Femme.

Dessins.

36. Deux Sujets relatifs à la Chasse.
37. Une vieille Femme s'appuyant sur une Table.
38. Une jeune Femme coiffée d'un chapeau.
39. Un jeune Dessinateur.

Par la Citoyenne *Blondin* (Aglaé).

40. Une Fille prenant un vase des mains d'un Nègre.

Par le C. *Boilly*, rue du Ponceau.

41. Une Sainte Famille.
42. Portrait d'Homme.
43. Portrait de Femme.

Par la Citoyenne *Bonneuil*, rue d'Orléans, n° 15.

44. Trois Tableaux représentans des fleurs et des fruits.
45. Un petit Cadre renfermant 2 dessus de Boîte, où sont peintes des fleurs.

Par le C. *Bonneval* (André), rue Buffaut, au coin de celle Coquenard, n° 518.

46. Deux petits Tableaux de fleurs.

Par le C. *Boquet*, rue Tiquetone, n° 122.

47. Paysage. Vue d'après nature, représentant un Moulin à eau, enrichi de plusieurs figures.
48. Paysage d'un site agreste, composé de Rochers et de plusieurs masses d'Arbres, avec Figures et Animaux.
49. Tableau de figures et animaux.

Par le C. *Bougault* de Surene, Menuisier, Peintre.

50. La mort de Senèque.

Par la Citoyenne *Bouliar*, rue Bailleul, vis-à-vis l'Hôtel d'Aligre.

51. Aspasie. Demie figure de grandeur naturelle. C'est un des travaux d'encouragement.
52. Portrait de la Citoyenne ***.

Par le C. *Bourgeois*, rue Haute-Feuille, n° 8.

53. Vue d'Italie. 5 pieds et demi de large sur 4 et demi de haut.
54. Deux autres Vues d'Italie.
55. Quatre Dessins au bistre.
56. Vue d'une Fabrique élevée, à l'Abbaye Saint-Germain.

Par le C. *Bouton*, rue du Fauxbourg Saint-Honoré, n° 56.

57. Un Cadre contenant des Miniatures.

Par le C. *Bruandet*, rue des Cordeliers.

58. Tableau représentant une forêt, dans laquelle on apperçoit une Chasse au Cerf.

Il appartient au C. Masson, marchand de Tableaux, rue du Coq-Saint-Honoré.

Par le C. *Cacault*.

59. Le Soldat du Régiment de Château-Vieux échappé au supplice, qu'il devoit partager avec 21 de ses Compagnons par la trahison de Boullié.

Le moment est celui où le père de Philippe est auprès de son fils, introduit par l'amie, qui veilloit depuis deux mois à sa conservation.

Sujet tiré du Recueil des actions héroïques des Républicains français.

Ce Tableau, de 5 pieds sur 6, ne pourra être envoyé qu'après l'ouverture du Sallon.

Par le C. *Callet*, au Louvre.

60. Venus blessée par Diomède.

Venant au secours d'Enée déjà blessé par Diomède, Vénus, blessée elle-même, abandonne son fils aux soins d'Apollon, qui oppose un nuage au Vainqueur. Celui-ci ne voyant plus que Vénus, lui jette un regard menaçant, en insultant à son malheur. Iris, Messagère de Junon, la prend dans ses bras pour l'enlever de la mêlée et la conduire au Palais de sa mère. *Illiade. Livre V.*

Tableau de 11 pieds de long, sur 9 de haut.

Par le C. *Callier*, rue du grand Chantier, n° 3.

61. L'Amour et l'Amitié. Dessin à la plume.

Par la Citoyenne *Capet.*

62. Plusieurs Portraits sous le même numéro.
63. Cadre contenant des Miniatures.

Par le C. *Caraffe*, rue Contrescarpe, près la Bastille.

64. Marius sur les ruines de Carthage.
65. Les deux extrémités de la vie.

Dessins.

66. Diogène sollicité par Alexandre de lui demander une faveur, lui fait signe de le laisser jouir du Soleil, qu'il lui cachoit.
67. Curius Dentatus refuse les présens des Ambassadeurs Samnites, qui le trouvent faisant cuire des légumes dans un vase de terre.
68. Un Courtisan de Phalaris, l'ayant raillé, dans une orgie, de ce qu'il se laissoit trop facilement prendre de vin ; Phalaris tue d'un coup de flèche le fils de ce Favori, pour prouver aux convives qu'il avoit encore la main sûre.
69. Popilius renferme, dans un cercle, Persée, Roi de

Macédoine, en le forçant d'accepter avant d'en sortir, ou la Paix, ou la Guerre.

Par le C. *Castellan*, rue de Grammont, n° 21.

70. Apollon Berger; Paysage.

Par le C. *Cazenave*, rue des Noyers, n° 15.

71. Nid d'Amours, à l'Encre de la Chine. Dessin.

Par le C. *Cazin*, Cour du Louvre.

72. Un Paysage éclairé du soleil levant. Son site est montagneux, & traversé par une rivière, où deux Femmes se baignent.
73. Le Commissionnaire grondé ; intérieur d'une Cuisine.
74. La vente du Poisson, au retour de la pêche. Marine.
75. Deux Paysages faisant Pendants. Le Matin et le Soir.
76. Deux Marines, aussi Pendants. Une Tempête, un Brouillard.
77. Couché du Soleil au moment du brouillard. Marine.
78. Vue d'une Ferme près Moissy en Brie.

Par le C. *Charpentier*, rue Neuve Egalité, n° 313.

79. Deux Pendants, l'un une Lecture, l'autre l'Enfant gâté par son Père.
80. Deux Pendants, l'un le Berger qui couronne sa Bergère, l'autre l'Education d'un oiseau.

81. Deux Portraits ovales, l'un un jeune Homme qui accorde son violon; l'autre, un Marchand de croquet.

Par la Citoyenne *Charpentier*, rue du Théâtre-Français.

82. La petite Friande.
83. Deux Portraits; l'un d'Homme, et l'autre de Femme.

Par le C. *Chatillon.*

84. Cadre contenant des Miniatures.

Par le C. *Colson*, Quai de Voltaire, n° 1919.

85. Tableau réunissant plusieurs Portraits avec celui de l'Auteur, occupé dans son Attelier à en poser un. 7 pieds sur 5.
86. Une Mère et sa Fille.
87. La Citoyenne Beaunoir, peinte avec les Attributs de Thalie.
88. Le C. Turpin, Historiographe.
89. Deux Portraits de Femme. Tableaux ovales.
90. Deux Portraits d'Homme.
91. Plusieurs Tableaux sous le même numéro.

Par le C. *Coste*, Fauxbourg Denys, n° 6.

Dessins.

92. Paysage avec des Tombeaux.
93. Coup de Vent.
94. Le Calme d'un beau matin.

95. Clair de Lune.
96. Vue, ornée d'un Tombeau.
97. Vue des environs de Nantes.
98. Vue des Alpes.
99. Vue d'une Forêt.
100. Une Cascade.
101. Le Colisée au soleil couchant.
102. Chambre rustique Italienne.
103. Portion du Colisée.

Par le C. *Dandrillon*, rue du Fauxbourg Saint-Denys, Maison Catelin, Menuisier.

104. Trois Vues d'Italie. Petits Tableaux.

Par le C. *Darmancourt* (Jean-Augustin), rue des Mauvais-Garçons.

105. Cadre renfermant plusieurs Miniatures.

Par le C. *David*, au Louvre.

106. Portrait d'une Femme et son Enfant.

Par le C. *Delaplace*, rue Joseph, n° 14.

107. Portrait d'Homme.
108. Cadre contenant plusieurs Miniatures.
109. Cadre contenant plusieurs Etudes dessinées.

Par la Citoy. *Delestres*, au Louvre.

110. Portrait de Couperin avec son épouse et son enfant.

Par le C. *Demachy*, au Louvre.

111. Extérieur du Luxembourg, pris de la rue ci-devant Condé.

112. Démolition des maisons du cloître Germain, partie de la colonnade du Louvre et de ses environs.

113. Cercophage de J. J. Rousseau, inhumé au Panthéon. Effet de lumière.

114. La démolition du Pont au Change.

Par le C. *Demarne*, place Vendôme.

115. Le matin d'une Basse-cour.

116. Des animaux; on voit un petit garçon luttant contre une chèvre.

117. Des Baigneuses.

118. Des Faneurs.

119. Des Moissonneurs.

120. Une mere tenant son enfant debout sur ses genoux.

121. Tableau d'animaux.

122. Cincinnatus revenant chez lui.

123. Plusieurs gens écoutant la lecture d'un journal.

124. Une mere mettant son enfant sur une chèvre.

125. Un Maréchal.

126. Sara qui présente Agar à Abraham, & autres Tableaux sous le même numéro.

Par le C. *Depelchin*, rue Haute-feuille, n° 36, faubourg Saint-Denis.

127. Paysage d'architecture.

Par le C. *Deperthes*, rue Saint-Jean-de-Beauvais, n° 25, près celle des Noyers.

128. Un paysage avec fabriques.

Par le C. *Désoria*, cour du Louvre.

129. Une femme dans l'attitude du repos.
130. Jugement de Paris.
131. Mariage dans le style antique.
132. Deux portraits d'homme.

Par la Citoyenne *Doucet-Suriny*, rue Montmartre, maison Charost.

133. Portrait d'une mere avec son enfant.
134. Portrait de femme. Tableau ovale.
135. Un cadre renfermant plusieurs portraits en miniature.

Par le C. *Drahouet*, rue des Boucheries-Germain, n° 94.

136. Ruines d'architecture, avec fabriques et figures. Gouache.
137. Ruines d'un ancien Temple de la Grèce. Gouache.
138. Intérieur d'une Prison, avec figures. Gouache.
139. Anciens Monumens d'Architecture, avec plusieurs Tombeaux; les figures de *Sweback Desfontaines.*

Par le C. *Detaré*, rue des Poulies, n° 206.

140. Offrande à Jupiter, Esquisse.
141. Tableau rond, représentant des Natures mortes.

Par le C. *Devosge*, rue des Mathurins, Section des Thermes, n° 334.

142. Le Plaisir, entraînant la Jeunesse, est vainqueur de la Raison.

Dessins.

143. Sapho inspirée par l'Amour.
144. Leçon à l'Amour.
145. Des Enfans tenant un nid de fauvettes.

Par le C. *Devouge*, le jeune, rue du Bouloir, n° 59.

146. Portrait de jeune Homme.
147. Portrait d'Homme.
148. Portrait de Femme.
149. Portrait d'une jeune Femme. Tête d'expression.

Par le C. *Droling*, rue de Touraine, au Marais, n° 3.

150. Portrait de Femme avec son Enfant à une fenêtre de prison, montrant le pere de l'enfant, supposé lui-même à une autre fenêtre de prison.
151. Un jeune Enfant à une croisée, tenant un panier de fruits et de raisins.
152. Deux tableaux, l'un représente une jeune femme à une fenêtre donnant la liberté à un oiseau, et avec elle un petit garçon qui guette le départ du prisonnier; l'autre, une jeune femme assise sur une croisée, jouant de la guittare, à côté d'elle un petit garçon tenant un bouquet de roses.
153. Deux tableaux faisant pendans; l'un une jeune femme dans un jardin anglais, tenant une lettre et prête à passer un ruisseau; l'autre une jeune femme près d'un rosier, où elle s'est piquée, voulant cueillir une rose.
154. Portrait d'homme.
155. Un aveugle conduit par un enfant, qui reçoit

l'aumône d'une jeune femme qui est à la porte d'une maison rustique.

Par le C. *Dubois*, rue Neuve-des-Petits-Champs.

156. Cadre renfermant des miniatures.

Par le C. *Ducreux*, au Louvre.

157. Portrait du Cit. la Chabaussière, Homme de Lettres.

Portraits.

158. Le C. Plaichard, Législateur.
159. Le C. Le Brun, Poète.
160. Le C. Ducreux, peint par lui-même.
161. La Citoyenne Beauharnois.
162. Le C. Chénier, Législateur.
163. Portrait du C. Méhul, Inspecteur du Conservatoire de Musique.

Par la Citoyenne *Ducreux*, chez son père, au Louvre.

164. La Famille du C. Bonnet. 9 pieds sur 6.

Par le C. *Dumont*, aux Galeries du Louvre, nº 5.

165. Un Cadre renfermant des Miniatures, et quatre petits Portraits aussi en miniatures.

Par le C. *Dunouy*, rue Neuve-l'Egalité (ci-devant Bourbon-Ville-Neuve), nº 381.

166. Vue des Ecuries de Mécène, et d'une partie de la ville de Tivoli et des Cascatelles.
167. Vue d'Italie, ornée de Figures.

168. Vue d'une Fontaine à Roche-Cardon, dite la Fontaine de *Jean-Jacques*. Quelquefois, couché sur un banc, ce Philosophe y passoit la nuit.

169. Vue de Genève.

170. Vue du Mont-Blanc, prise du Lac de Genève, en arrivant de France.

171. Vue de l'Isola de Sora dans le royaume de Naples, prise de dessus le Pont.

Dessins.

172. Vue de la Chartreuse de San-Bartholomeo.

173. Vue de Lyon, prise d'un Fauxbourg.

174. Un Cadre renfermant deux Dessins; l'un, une Vue du Village de la Grotta, sur le chemin de Viétri, royaume de Naples; l'autre, du Mont-Jura et de la Rivière d'Arve, prise du Mont-Blanc proche Carrouge.

175. Vue de Casa Maria, sur les frontières des Etats du Pape et de Naples.

176. Vue prise aux environs de Saint-Hypolyte dans les Cevennes.

177. Vue de Saint-Michel, près Saint-Jean-de-Maurienne, ci-devant Savoie.

178. Etude d'après nature faite à Tivoli.

179. Vue des Campagnes de Rome, prise au-dessus de la forêt de Marino.

Par le C. *Duperreux*, rue du Fauxbourg Martin, n° 44.

180. Glycère à la Tombe de sa Mère. *Idylle de Gesner.*

181. Des Bergers se disputant le prix du Chant.

182. Vue exacte d'une Maison de campagne.

Par le C. *Dupuis* (François), Sous-Garde des Estampes, rue Colbert, n° 81.

183. Paysage historique, orné de Figures.

184. Une Mere cueillant une Fleur pour amuser son Enfant.

185. Scène familiere dans un Jardin. Petite Gouache.

Par le C. *Duval* (François), rue Galande, n° 27.

186. Un Paysage, Figures et Animaux.

187. Un Paysage. Repos d'Animaux.

188. Paysage, Animaux en marche dans un Gué.

189. Paysage, Figures et Animaux.

Par le C. *Fache*, rue des Mauvais-Garçons.

190. Cadre renfermant des Miniatures.

Par le C. *Fleury*, rue de Grenelle, n° 96.

191. Deux jeunes Amans, en se promenant, découvrent un Tombeau, en lisent l'Epitaphe. Ils reconnoissent une infortunée, qu'un amour malheureux a conduite à la mort. Le jeune Homme effrayé se recule dans la crainte qu'un même sort lui soit réservé, tandis que son Amante lui mettant la main sur son cœur, semble lui prouver qu'il ne doit appréhender aucune infidélité.

192. Anacréon, le Chantre des Amours, tenant sa Lyre, fait resonner les louanges du Dieu par qui il est inspiré. Un jeune Homme lui présente sa Maîtresse, en lui disant: Tu chantes l'amour, et moi j'en goûte les douceurs. Dessin.

Par les Cit. *Fontaine* et *Persier*, rue le Pelletier, n° 21.

193. Ruines d'Architecture à la Gouache.

Le fond représente un Temple et des Fabriques; sur le devant est un Portique d'Ordre Corinthien.

Plusieurs Ouvrages de ce genre sous le même numéro.

Par le C. *Forti*, rue Dorée, au Marais, n° 570.

194. Austérité des mœurs des Romains.

Caton chassa du Sénat Manilius, Sénateur à la veille d'être Consul, pour avoir donné un baiser à sa femme en présence de sa fille. *Plutarque, Vie de Caton le Censeur:*

Manilius est représenté allant au Sénat suivi de son Affranchi. Il traverse l'appartement des femmes occupées de soins domestiques. Sa Mère apprenoit à lire à son jeune fils; sa femme et sa fille travailloient à des ouvrages d'aiguille et de broderie, tandis que les servantes s'acquittoient de leurs fonctions ordinaires. Manilius eut l'imprudence de donner un baiser à sa femme. Ce délit, ou manque de respect aux mœurs publiques, apperçu de quelques clients qui l'attendoient dans le vestibule, fut dénoncé au Censeur.

6 pieds 6 pouces de largeur sur 4 pieds 9 pouces de hauteur.

195. Le Portrait de la Citoyenne ***.

Par le C. *Fouquet*, rue Basse-Porte-Saint-Denis, n° 6.

196. Deux Portraits d'Homme et de Femme.
197. Un Cadre renfermant des Miniatures.

Par le C. *Fouquet*.

198. Douze Cadres contenant chacun 50 portraits, gravés par Chrétien, inventeur du Physionotrace. Sous le même numéro.

Par le C. *Fournier*, rue des Deux-Boules, n° 7.

199. Une jeune Fille se parant de Fleurs devant une glace.
200. Une jeune Fille se mettant à son piano.

Par le C. *Fragonard* fils, chez le citoyen son Père, aux Galleries du Louvre.

201. Un Cadre contenant 3 dessins, sujets tirés des Idyles de Théocrite.
202. Un dessin d'une Nimphe qui coupe les ailes à l'Amour.
203. Autre. L'Amour pleurant la perte de ses ailes.
204. Autre. Les égaremens de l'Amour.

Par le C. *François*, rue de Gaillon, n° 11.

Portraits.

205. Le C. Demautort.
206. Le C. Guichard.
207. 5 Portraits ovales.
208. 2 Portraits carrés.

Par le C. *Gadebois*, rue des Fossés-Saint-Jacques, n° 377.

209. Paysage.

Par le C. *Garnerey*, rue Saint-André-des-Arcs, n° 125.

210. Retour d'un Détenu dans sa famille.
211. Tableaux de scènes familières.
212. Deux tableaux imitant le bas-relief.
213. Fleurs et accessoires.

Par le C. *Garnier* (Etienne-Barth.), au Louvre, escalier de la Colonnade, n° 1.

214. Dédale et Icare, sur les murs du Labyrinthe de Crete, prêts à fuir à l'aide des aîles qu'ils se sont attachées. Le pere prévoyant le péril auquel son fils va s'exposer, le conjure de ne point trop s'élever, de peur que le soleil ne fonde la cire qui joint les plumes de ses ailes.

8 pieds 4 pouces de haut, sur 6 pieds 5 p. de large.

215. Saint Jérôme, dans sa retraite.

216. Nausicaa, fille d'Alcinoüs, reçoit Ulysse dans l'île des Phéaciens. *Odis. Ch. VI.*

Cette Princesse, sur le point de retourner au Palais de son père, ayant fait atteler les mules au charriot et replier les vêtemens qu'elle étoit venu laver à l'embouchure du fleuve, sur le bord de la mer, chantoit et jouoit à la balle avec les filles de sa suite. Ulysse échappé du naufrage et fatigué s'étoit endormi dans le bois voisin. Eveillé par la voix de ces jeunes filles, il se couvre de feuillages et sort de sa retraite. Son aspect épouvante ces femmes. Nausicaa seule l'attend, l'écoute, lui fait donner des vêtemens et l'invite à se rendre au palais de son pere.

217. Consternation de Priam et de sa famille après le combat d'Achille et d'Hector. *Ili. Ch. XXII.*

Andromaque tombe évanouie dans les bras de ses femmes à la vue du corps de son époux traîné au char d'Achille et en proie aux outrages des Grecs.

Priam à cet horrible spectacle s'efforce de descendre pour aller reclamer le corps de son fils. Il est retenu par les prières des vieillards et des chefs de l'armée. Hécube soutenue par ses filles s'abandonne à la plus profonde douleur. Esquisse.

Par le C. *Garnier* (Michel), rue des Petites-Ecuries, fauxb. Denis, n° 44.

218. Une femme donnant une lettre à son officieuse, en lui recommandant le secret.

Par le C. *Gault*, à Clermont, département du Puy-de-Dôme.

219. Vue du Puy-de-Dôme, prise du côté du Nord et des montagnes qui forment l'enceinte de Clermont.

C'est au moment où les nuages se rassemblent. Le premier plan est occupé par des

Voyageurs dans le costume Gaulois, et des Femmes, qui invoquent la Statue de Mercure.

Deum maximè Mercurium colunt.

Comm. de Cézar, Livre VI.

Par le C. *Gauthier*, rue de Bagneux, faûxbourg Germain, n° 155.

220. Vue d'Italie prise au soleil couchant.

221. Marine. Vue des environs de Naples, prise au brouillard.

222. Vue de Larisse à 14 milles de Rome. Dessin à l'Aquarelle.

Par le C. *Genain*, rue de la Colombe, n° 4.

223. Paysage à Gouache et à l'Aquarelle.

224. Deux Paysages à Gouache et à l'Aquarelle.

Par le C. *Gérard* (François), au Louvre.

225. Bélisaire. Petit Tableau.

226. Portrait de femme.

Par le C. A. E. *Gibelin*, Cour du Louvre.

Dessins.

227. Projet de Médaille, représentant la Convention désignée par une femme, qui place sur sa base une colonne, emblême de la Constitution Françoise.

Dans l'exergue deux mains unies en signe de concorde; et pour légende, *le ciment de cette colonne sera l'union des citoyens.*

228. Le Tombeau de la Bien-Aimée.

Elle repose sur un lit couronné de fleurs. L'Amour veille toujours auprès d'elle; il écarte son flambeau du souffle du temps. Les vertus de la bien-aimée sont tracées sur les pierres de l'Archivolte.

229. La Magdelaine dans le désert.

230. Le vrai Bonheur.

L'ame sous l'emblême de Psiché, éclairée par le génie, jouit avec extase des beautés de la nature et des productions des Arts. Elle a derrière soi les passions endormies, que la raison surveille.

Dans un des angles supérieurs, l'ignorance met un bandeau sur les yeux de Psiché, qu'elle tient liée, et la livre aux traits d'*Antéros*, c'est-à-dire, l'amour malheureux.

Dans l'autre angle la vérité souleve le bandeau de Psiché, et lui présente son miroir. L'ignorance est repoussée et les amours, qui ne connoissent d'autres plaisirs que les sens, prennent la fuite.

Par la Citoyenne *Guéret* l'aînée.

231. Deux tableaux de scènes familières.

Appartenant à la société des Amis des Arts.

Par la Citoyenne *Gueret* la jeune.

232. Deux tableaux, l'un une Bacchante et l'autre une Vestale, appartenant à la société ci-dessus nommée.

233. Deux femmes dans le même tableau.

Par le C. *Guérin*, maison des Filles-Thomas, n° 85.

234. Geta assassiné par les ordres de Caracalla son frere.

235. Coriolan condamné à mort par un Tribun. Il est défendu par la jeunesse de Rome, qui repousse les Ediles envoyés pour l'arrêter. Dessin lavé.

Par la Citoyenne *Guiard*, au Louvre.

Portraits.

236. Le C. Lebreton, chef des bureaux des Musées, à l'Instruction publique.

237. Le C. Vincent, peintre.

238. Le C. Baignere, médecin.

239. Le C. Sévestre, architecte.

240. Plusieurs Portraits sous le même numéro.

Par le C. *Haver*, rue des Arcs, n° 48.

241. Une Forge Nationale.

On y fabrique des canons de fusils et les ouvriers y chantent des airs patriotiques.

242. Une Ferme.

L'on y voit le départ d'un Dragon. Son père lui montre la charrue qu'il va conduire, pour procurer des subsistances à nos déffenseurs, tandis que son fils va combattre l'ennemi.

Par le C. *Houzeau*, rue Neuve-Nicolas, n° 29, fauxbourg Martin.

243. Jupiter et Anthiope.

Par le C. *Hue.*

244. Deux Vues de l'intérieur du port de Brest. 9 pieds de large sur 6 de haut.

245. Marine au clair de lune, vue des environs de Naples.

246. Paysage au soleil couchant; vue des environs de Rome. On y voit Bélisaire chassé par Justinien.

247. Deux paysages ornés de baigneuses.

248. Autres paysages. Les Alpes. Une forêt où sont des Dessinateurs, des Biches, des Cerfs, etc.

Par le C. *Isabey*, rue Saint-Marc, n° 17.

249. Un Cadre renfermant plusieurs miniatures.

250. Une mere qui tient son enfant.

251. Jeune homme partant pour l'armée.

252. Jeune homme revenant de l'armée.

253. Autres dessins sous le même numéro.

Par la Citoyenne *Laborey* (Félicité), à Saint-Chaumont, rue Saint-Denis.

254. Tableau de famille.

255. Portrait d'homme.

256. Portrait de femme.

257. Portrait d'homme, ovale.

258. Un cadre renfermant plusieurs miniatures.

Par le C. *Lafite* (Louis), rue Molière, n° 2.

259. Figure de Gladiateur mourant, étude faite à Rome. 8 pieds sur 6 et demi.

260. Deux petites Esquisses.

Dessins.

261. Caracalla et Severe, sujet tiré de la vie des Empereurs.

262. Allégorie sur l'instruction publique.

263. Figure académique, faite à Rome.

264. Portrait.

Par le C. *Lagrenée* l'aîné, aux galeries du Louvre.

265. Olimpias.

Cassandre fils d'Antipater, tenant la Régence pour les enfans d'Alexandre, ayant envoyé cent satellites, qui lui étoient dévoués, pour tuer Olimpias, femme d'Alexandre. Ceux-ci furent si frappés de l'air auguste et majestueux de cette princesse, qu'ils se retirèrent, sans oser exécuter cet ordre sanguinaire.

266. Massacre des Innocens.

267. Piété filiale.

268. Magdeleine pénitente.

269. Toilette de l'Amour par les Graces.

270. Diane change Actéon en cerf, en lui jettant de l'eau au visage, pour avoir osé la regarder au bain.

271. La Paix fait brûler les instrumens de la Guerre.

272. L'Abondance.

273. Deux Portraits de la famille de l'Auteur.

274. Jupiter, sous la forme de Diane, séduisant Calisto.

275. Chasteté de Joseph.

276. Chasteté de Suzanne.

277. Songe de la Magdeleine dans le désert.

278. Des anges apportant une couronne à Saint-Sébastien.

279. La Vierge avec l'Enfant Jésus, tenant un Barbeau.

280. La Vierge se disposant à alaiter l'Enfant Jésus.

Par le C. *Lambert*, rue Basse-des-Ursins, nº 3.

281. Plusieurs tableaux, dont l'un Antigone implorant le pardon de son frere, et l'autre le Parc-aux-Cerfs. Sous le même numéro.

Par le C. *Landey*, rue des Grands-Augustins, nº 15.

281 *bis*. Cinq tableaux sous le même numéro.

Par le C. *Laneuville*, rue Froidmanteau, nº 196.

Portraits.

282. Le C. Legendre, député, dans sa présidence lors du jugement de Carrier.

283. Le C. Paré, ex-Ministre, Président du Tribunal du 4ᵉ arrondissement.

284. Un Militaire.

285. Un Artiste.

286. Le C. Tallien, député.

287. Le C. Pelée, de la Lozère, député.

Par le C. *Landon*, rue du Mont-Blanc, Chaussée d'Antin, nº 70.

288. Le Temps brise les armes de l'Amour.

289. Le pardon.

290. Jupiter et Io.

Ces trois tableaux sont peints sur bois.

291. Un sujet tiré de Paul et Virginie.

Par la Citoy. *Landragin* (femme *Durieux*).

292. Cadre renfermant plusieurs portraits en miniature.

Par le C. *Laurent*, rue Nicaise, n° 487.

293. Premiere scene du ballet de Psiché, tableau en miniature.

294. Une jeune Paysanne, assise à l'ombre des arbres près de la fontaine, où elle vient puiser de l'eau. Tableau en miniature.

295. Portrait de deux jeunes gens se reposant à la porte d'un verger. Miniature.

296. Portrait d'un négociant reconnoissant des marchandises dans un magasin.

297. Un cadre contenant des portraits en médaillon.

298. Quatre tableaux en miniature, dont l'un le ballet de Pâris.

299. Trois portraits.

Par la Citoy. *Laville*, femme *Benoit*, au Louvre.

300. Tableaux représentant Sapho.

301. Portrait d'homme.

302. Tête de femme.

Par le C. *Lebarbier* l'aîné, au Louvre.

303. Courage héroïque du jeune Désilles, le 30 août 1790, à l'affaire de Nancy.

Ce fait historique de nos jours est si connu qu'on s'est cru dispensé d'en donner les détails.

Ce tableau a 14 pieds de long sur 10 de haut.

304. Deux dessins, l'un la mere Spartiate disant à son fils, rapporte ce bouclier ou que ce bouclier te rapporte; l'autre la Campanienne à qui Cornelie présente ses enfans, comme ses plus rares parures.

305. La Jeunesse et l'Enfance.

306. Virginie.

C'est l'instant où Virginie est appellée en jugement devant le décemvir Appius, qui donne ordre à Claudius d'enlever la jeune romaine. Mais Icilius, à qui elle étoit promise, vient l'enlever à ses ravisseurs et menace Appius. Munitorius oncle de Virginie écarte un Licteur qui s'opposoit à son passage, et les dames romaines défendent la pudeur outragée. La scène est dans la place publique.

6 pieds et demi de large sur 5 de haut.

Par le C. F. *Lebrun*, rue d'Angivillier, n° 148.

307. Un cadre renfermant des miniatures.

308. Dessins allégoriques.

La Loi ordonne à la Justice de punir les auteurs des crimes du 2 et 3 Septembre. On voit dans le fond le palais et les massacres de la Conciergerie. L'anarchie, qui vient d'animer cette scène d'horreur, s'élance sur le devant avec des mouvemens convulsifs, et poursuit la liberté, qui s'est réfugiée dans les bras de la loi, gémissant des crimes commis en son nom.

309. J. J. Rousseau écrivant sa lettre à l'archevêque de Paris, s'arrête à ces mots :

« Oui : je ne crains point de le dire; s'il existoit en Europe un seul gouvernement éclairé, dont les vues fussent vraiment saines, il eût rendu des honneurs publics à l'auteur d'Emile, il lui eût élevé des statues. » Il voit dans l'avenir le génie de la liberté dissiper l'orage suspendu sur sa tête et découvrir le Panthéon Français.

Par le C. *Lebrun*, marchand de tableaux, rue du Gros-Chenet.

310. Portrait du C. Lebrun, peint par lui-même. Il est jusqu'aux genoux, appuyé de la main droite sur son traité des peintres et tenant sa palette de l'autre.

5 pieds de haut, 4 pieds de large.

Par le C. *Leclercq*, rue de la Michodière, près le Bain Chinois, n° 789.

311. Portrait allégorique.

Par le C. *Ledru* (Hilaire).

312. Portrait du général Pichegru, dessiné en pied.

Par le C. *Lefevre* (Robert), rue d'Orléans Honoré, n° 17.

313. Vénus qui désarme l'Amour.

314. Une Bacchante jouant avec un Satyre, un Amour

lui tire les oreilles, deux autres enfans le tirent par la queue. Esquisse.

315. Tête d'Héloïse en pleurs tenant une lettre d'Abelard.

316. Portrait d'une femme serrant son nourrisson dans ses bras.

317. Tête d'étude, dans le costume antique.

318. Portrait d'une jeune personne qui se regarde dans un miroir.

319. Portrait d'une femme, les bras croisés.

320. Portrait d'un homme et de son cheval, en pied.

321. Portrait d'un enfant mort à six mois. Il est sous la forme d'un petit ange.

Par le C. *Le Gillon*, Quai des Augustins, n° 48.

322. Un paysage.

323. Une mine.

324. L'intérieur d'une écurie.

325. Un dessin, & autres Tableaux sous le même numéro.

Par le C. *Leguay* (Etienne), rue de Bondi, n° 27.

326. Cadre contenant des miniatures.

Par le C. *Lemire* (Charles), rue de Vaugirard, n° 113.

327. Une figure de la Liberté.

328. Une figure de la Vigilance.

329. Un Amour mettant son carquois, et sous ses pieds les attributs de la Prudence et de la Force.

Par le C. *Lemoine*, rue du Petit-Carreau, n° 35.

330. Une miniature, représentant les deux filles de

l'Auteur, brûlant des fleurs sur le tombeau de leur mere, qui leur apparoît.

331. Cadre contenant plusieurs portraits en miniatures, ceux des Citoyennes Candeille, Desgarcins et autres.

Par le C. *Lenoir.*

Portraits.

332. Lekain, jouant Orosmane dans Zaïre, peint à l'huile en 1787.

333. La citoyenne Vestris, dans le rôle d'Electre, tragédie de Crébillon; peint au pastel en 1778.

Par la citoyenne *Lenoir.*

334. Tête d'étude.

Par le C. *Leroy*, rue du Hurepoix, n° 18.

335. Réflexions sur le plaisir.

336. Une Bacchante.

337. Une musique ambulante.

338. Une jeune fille.

339. Des paysages, de forme ronde.

340. Plusieurs paysages.

Par le C. *Leroy* (Sébastien).

341. Groupe d'enfans.

342. Renaud et Armide.

L'instant est celui où Armide étant prête de se tuer, Renaud lui dit : Moi ton ennemi! je suis ton chevalier et ton esclave. *Jérusalem délivrée, chant XX.*

Petite esquisse peinte.

343. Dessin au crayon noir : l'épigraphe est, *il emporte la rose et nous laisse l'épine.*

Par le C. *Leroy*, fauxbourg Honoré, n° 13,
ou chez le C. Suvée, au Louvre.

Dessins.

344. Œdipe descendant de la montagne appuyé sur Antigone.

345. Deux jeunes filles apportant la liberté à leur pere détenu en prison; l'une d'elles est évanouie entre ses bras.

346. Cadre renfermant des miniatures.

347. Portrait du C. Roucher; dessin fait dans les deux heures qui ont précédé son départ pour le tribunal révolutionnaire.

Pendant que l'artiste dessinait, le C. Roucher fit et écrivit de sa main ces quatre vers au bas de ce portrait :

A ma Femme, à mes Enfants, à mes Amis.

« Ne vous étonnez pas, objets sacrés et doux,
» Qu'une ombre de tristesse ait empreint mon visage;
» Lorsqu'un savant crayon vous traçait cette image,
» J'attendais l'échafaud, et je pensais à vous. »

J. A. ROUCHER.

Par le C. *Lespinasse*.

348. Vue de la place de la Révolution, prise de l'intérieur des Tuileries, près les terrasses en fer-à-cheval, qui se terminent au Pont-Tournant.

Par le C. E. *Lesueur*, rue des Fossés-Saint-Germain-des-Prés.

349. Le siége de Grandville, tiré du IVe recueil des actions héroïques, etc.

Un représentant du peuple offrant à la Convention le recueil des actes de valeur qu'a produits le siége de Grandville, s'exprime ainsi :

« Vous verrez, Citoyens Représentans, un magistrat tomber, la main sur son écharpe, aux pieds des canons, où il portait la mêche; les canonniers tirer à boulets rouges sur leurs propres maisons pour y étouffer les brigands; des femmes crier tranquillement au milieu des flammes, qu'on tue l'ennemi, le feu s'éteindra après; des enfants ramasser et se disputer entre eux des boulets encore chauds, qu'ils réservent pour leurs jeux; des vieillards rajeunis remercier le ciel d'avoir prolongé leur vie jusqu'au moment où ils vont vaincre ou mourir pour la liberté; des soldats emportés mourans dire à leurs camarades : *Il y a là-bas des places vacantes, allez-y*, etc.; et tous, combattant avec le même courage, terrasser ou glacer d'effroi les ennemis de la patrie et de l'humanité. »

Ce discours a inspiré le génie de l'Artiste.

350. Quatre dessins à la pierre noire d'Italie, vues d'Egypte et de la Grèce.

351. Deux autres paysages.

Par le C. *Lethiere.*

352. Caton d'Utique. Figure d'étude.

Il arrache l'appareil de sa blessure, pour ne pas souffrir la douleur d'être vaincu par César.

Tableau de 7 pieds de long, ſur 5 de haut.

353. Brutus condamne ses fils à la mort, pour avoir conspiré contre la patrie.

354. Virginius, Capitaine de légion, tue sa fille, pour lui sauver le déshonneur de servir au plaisir d'Appius Clodius. Cet événement amena la chûte du décemvirat. Dessin.

355. Herminie chez les bergers.

356. L'Amour et les Graces dérobent la ceinture de Vénus, tandis qu'elle sommeille.

357. Dessin de ce même sujet.

Par le C. *Liger*.

358. Six dessins à l'aquarelle; vue des Monumens antiques de Rome.

359. Vue d'un magasin à salpêtre établi à l'Abbaye St. Germain, dont le comble élevé au commencement de l'an IIIe, est incombustible. Dessin à l'aquarelle.

Par le C. *Marchais*, cour Lamoignon.

360. Tableau de paysage.

361. Paysage et figures : on y voit le corps de Brutus reporté à Rome par les Chevaliers Romains.

Par le C. *Merimée*, cour du Louvre, escalier de Passement.

362. Une Bacchante jouant avec un petit Satyre.

Par le C. *Métoyen*, rue Jacques, Maison (ci-devant) Magloire.

363. Le C. Sicard, } Instituteurs des sourds et muets.
364. Le C. Alhoy, }

365. Dessin d'après une figure antique.
366. Portrait de femme. Dessin.

Par le C. *Meymier*, au Louvre, chez le C. Vincent, dont il est l'élève.

367. Androclès.

Cet Esclave fugitif d'un proconsul d'Afrique, ayant été repris, amené à Rome et condamné à combattre dans l'Arène contre les bêtes féroces, est reconnu par un lion, dont il avoit tiré une épine de la patte dans les forêts. Cet animal, au lieu de le dévorer, le caresse. L'instant est celui où le lion lui lèche les pieds. Ce trait de reconnoissance de la part d'un si cruel animal, obtint de Caligula même la grâce de l'esclave, son bienfaiteur et son ami.

7 pieds 8 pouces de haut, sur 6 pieds 6 p. de large.

368. L'Amour adolescent pleurant sur le portrait de Psiché, qu'il a perdue.

6 pieds 6 pouces sur 4 pieds 9 pouces de haut.

369. Réveil d'une Bacchante.

Ce tableau ne paroîtra qu'à la fin du Sallon.

Par le C. *Michel*, rue Neuve Egalité, n° 315.

370. Cinq tableaux avec figures et paysages, et autres. Sous le même numéro.

Par la C. *Mirys*, rue de l'Estrapade, n° 113.

371. Un cadre renfermant des miniatures.

372. Deux allégories à la gouache.
373. Trois portraits à la gouache.

Par le C. *Mongin*, rue de Sêves, n° 1104.

374. Deux tableaux à gouache, représentant des Jardins.
375. Deux vues des environs de Liége.
376. Deux tableaux ovales, représentant des Jardins.
377. Vues des villages de Vechel et de Numen, près Bois-le-Duc.
378. Six tableaux ovales de paysages et batailles.

Par le C. *Mont-Viol*, rue de Vendôme, au Marais, n° 28.

379. Un cadre renfermant des miniatures.

Par le C. *Moreau* l'aîné, au Louvre.

380. Cadre renfermant plusieurs paysages à gouache.

Par le C. *Motelay*, place (ci-devant) Dauphine, n° 25.

381. Une Boudeuse.
382. Un cadre renfermant des miniatures.

Par le C. *Mouchet*, au Louvre.

383. L'Ordre du jour. Esquisse du tableau dont l'Artiste est chargé par la Nation, comme prix d'encouragement par concours.

Le Génie de la France, après avoir précipité la terreur dans le fleuve de sang qu'elle avoit fait couler, retablit le règne de la Justice; celle-ci jure de faire observer la Loi, et appelle à son conseil la Vérité.

Par le C. *Mouricault*, rue des Deux-Portes-Saint-Jean, n° 8.

384. Esculape rappelant Hypolite à la vie, à la prière de Diane.
8 pieds de haut, sur 7 pieds 4 pouces de large.
385. L'Amour et l'Amitié.
386. Quatre têtes d'étude.
387. Agonie de S. Joseph. Esquisse peinte.
388. Six dessins, de compositions diverses.

Par le C. *Naudet.*

389. Intérieur d'un des Marchés de Cherbourg, peint à gouache.

Par le C. *Notté*, place Thionville, n° 13.

390. Deux portraits ovales, l'un représentant un vieillard et l'autre son fils.

Par le C. *Pajou* fils, aux Galleries du Louvre.

391. Portraits à mi-corps.
392. Trois portraits, dont deux ovales.
393. Portrait dessiné, sous verre.
394. Petit portrait à mi-corps.

Par le C. *Parelle*, rue du Mont-Blanc, n° 43.

395. Cinq paysages au crayon noir.

Par le C. *Parseval* (Auguste), rue des Capucins, n° 73.

396. Massacre des Innocens.

Tableau de 5 pieds 6 pouces de large, sur 3 pieds 9 pouces de haut.

397. Trois portraits dont un ovale.

Par le C. *Perin*, Cour des Fontaines, Palais Egalité, n° 110.

398. Cadre renfermant des miniatures.

Par le C. *Perrier*, rue des Droits de l'Homme, n° 63.

399. Deux petits tableaux, l'un une Femme dans l'intérieur d'un appartement, et l'autre une Femme assise.

Par le C. *Perrin*, au Louvre.

400. Papyrius et sa mere.

Le jeune Papyrius, nouvellement Sénateur, étant sollicité par sa mere de lui revéler les délibérations secretes du sénat, se tire de ce pas par une fausse confidence, en lui disant qu'il va être permis aux hommes d'épouser plusieurs femmes.

401. Cléopâtre aux pieds de César-Auguste, dont le dessein étoit de la mener en triomphe à Rome.

402. Portrait d'homme.

Par le C. *Petit* (Louis), rue Poissonnière, n° 172.

403. Deux portraits de femme.

404. Deux portraits d'homme.

Par le C. *Petit* (Pierre-Joseph), rue de l'Echiquier, Fauxbourg Denis, n° 36.

405. Vue des environs de Florence, ornée de figures et d'animaux.

406. Vue de Tivoli près de Rome, sur le haut du rocher, et le temple de la Sybile au dessous; et la grotte de Neptune, dont il sort plusieurs cascades. Elle est ornée de figures.

Par le C. *Petit* (Simon), rue de Grenelle-Saint-Honoré, n° 90.

407. L'oiseau mal défendu.

408. Portrait de femme.

409. Cadre renfermant des miniatures.

Par le C. *Pinchon.*

410. Deux portraits ovales à l'huile.

411. Cadre de portraits en miniature.

Par le C. *Poutrel*, rue Neuve des Mathurins, n° 884.

411 *bis.* Portrait d'homme. Miniature.

Par le C. *Prevost* (J. L.), rue Bellefond, n° 202.

412. Quatre tableaux, dont deux de fleurs et deux de fruits sous le même numéro.

413. Une guirlande de fleurs.

414. Deux paysages ovales.

Par le C. *Ravault*, rue Traversière-Honoré, nº 849.

415. La bataille dans laquelle Armide et les siens sont défaits, dernier chant de la Jérusalem délivrée. Dessin à la plume.
6 pieds sur 3 de haut.

416. Dessin allégorique, au bistre.

417. Retour d'un volontaire. Dessin colorié.

418. Cadre renfermant des miniatures.

Par le C. *Redouté* l'aîné, au Louvre.

419. Trois tableaux, l'un une branche de rose, l'autre une branche de jacynthe et le troisième des fruits posés sur une table de marbre, peints à l'aquarelle.

Par le C. *Redouté* le jeune, rue de la Vieille-Draperie.

420. Deux tableaux de poissons peints à l'aquarelle.

Par le C. *Regnault*, aux galeries du Louvre.

421. La Liberté ou la Mort.
10 pieds de haut sur 9, appartenant à la Nation.

422. Mars et Vénus. Il est désarmé par les Graces.
7 pieds de haut sur 3 pieds 6 pouces.

423. Renaud et Armide, au moment où les deux chevaliers les apperçoivent dans l'isle enchantée.

424. La Liberté ou la Mort, répétition en petit du grand.

425. Fiez-vous-y; et ne vous y fiez pas. Hébé versant le nectar à Jupiter.

426. Tête de Danaé. Tableau ovale.

427. Iô, Danaé, petits tableaux faisant pendants.

Par le C. *Riffault*, Isle de la Fraternité, quai de la République, n° 15.

428. Triomphe de la Liberté, bas-relief, imitant le bronze antique.

429. Deux petits tableaux de bataille.

430. Ruines d'un temple, peint avec plusieurs figures.

431. Modèle en plâtre d'un Pont projetté pour la traversée de l'Isle cy-devant Saint-Louis à celle Notre-Dame.

Ce modèle réunit deux projets.

Par le C. *Robert*, aux galleries du Louvre.

432. Vue générale du Colysée de Rome, du côté de la destruction la plus pittoresque.

9 pieds de haut sur 8 de large.

433. Une chûte d'eau.

8 pieds de haut sur 6 de large.

434. Restes de la Gallerie du Palais des Empereurs.

6 pieds de large sur 4 et demi de haut.

435. Un Incendie.

5 pieds et demi sur 4.

436. Ruines d'un ancien Palais Romain.

437. Fragmens de Rome antique. Et autres tableaux dont 4 de 11 pieds sur 6.

Par la Citoyenne dite *Romany* (Adèle).

438. Portrait de femme artiste.

439. Portrait de femme.

440. Portrait du C. Vestris.

441. Portraits et têtes d'étude.

Par le C. *Royer*, rue Neuve de l'Egalité, n° 301.

442. Un calme et une tempête sous le même numéro.

443. Paysages. Des rochers.
5 pieds 6 pouces sur 3 pieds 6 pouces.

Par le C. *Sablet*, l'aîné.

443 *bis*. Portrait d'homme et de femme, sous le même numéro.

Par le C. *Sablet* le jeune, au Louvre.

444. Un père de famille dans un jardin Anglois avec ses deux enfans.

445. Une Bacchante.

446. Un officier de dragons au milieu du camp.

447. Portrait du C. Chesnard, en porteur d'eau, et plusieurs tableaux sous le même numéro.

Par le C. *St-Martin*, rue S. Roch, n° 25.

448. Paysages des environs de Mortagne au Perche, avec fabrique et animaux.

449. Environs de Paris, avec figures et animaux.

450. Intérieur d'écurie, figures, chevaux et accessoires sur le devant.

451. Environs de Brie la Ville, enrichis de fabriques, figures, animaux.

452. Plusieurs tableaux sous le même numéro.

Par le C. *Sauvage*, au Louvre.

453. Deux Frises sur marbre noir; l'une, un sacrifice: l'autre une marche d'enfans.

5 pieds de large sur 18 pouces de haut.

454. Deux tableaux imitant les Bas-reliefs de bronze. Ils représentent, l'un un Satyre faisant danser des enfans, et l'autre, une femme couvrant d'un bandeau les yeux de l'Amour, au milieu de petits Satyres.

455. Un Bacchanal, Bas-relief imitant le bronze.

456. Deux ronds sur marbre blanc; l'un représente une femme faisant sauter l'Amour après son carquois; l'autre, une femme jouant d'un instrument antique.

457. Deux petits tableaux sur marbre noir, représentant des femmes jouant avec des enfans.

Par le C. *Suvée*, au Louvre.

458. Cornélie mère des Gracques.

Une femme de Campanie, faisant visite à Cornélie, étalait avec ostentation ses parures et ses bijoux; et comme elle l'invitoit à lui montrer les siens, Cornélie lui répond, en lui montrant ses enfans revenans des écoles publiques avec leurs instituteurs : Voici mes richesses et mes plus beaux ornemens.

459. Portrait du C. Ginguenée, Commissaire de la Commission exécutive de l'Instruction publique.

460. Portrait d'André Chénier.

Chénier avoit un profond respect pour son père, qui de son côté l'aimoit tendrement. Ce vieillard, pour calmer les justes inquiétudes de ce fils, lui ayant observé combien ses vertus et ses talens devoient le rassurer, ce fils infortuné ne lui répondit que ces mots du fond de sa prison : Ah! mon père! Malesherbes avoit aussi des vertus! et le lendemain Chénier fut conduit à la mort.

461. Portrait du C. Trudaine Montigny.

Le C. Suvée attendoit lui-même, au 7 Thermidor, an IIe, son départ pour son propre supplice, quand il donnoit la dernière séance au C. Trudaine, que l'on vint arracher de ses bras pour le conduire à l'échafaud.

462. Portrait du C. Trudaine la Sablière son frère.

463. Portrait du C. Courbeton son beau-frère.

Ces deux dernières victimes furent trop tôt enlevées à l'artiste prisonnier lui-même avec eux, pour pouvoir les peindre. Il s'est déterminé à faire leurs portraits de ressouvenir, pour la consolation de leur famille.

464. Portrait du C. Berthier.

465. Portrait du C. Poissonnier, médecin, et autres tableaux sous le même numéro.

Par le C. *Swagers*, rue d'Orléans, porte Martin, n° 222.

466. Vue des environs de Rotterdam.

467. Tableau de marine.

468. Deux petites marines, faisant pendans.

Par le C. *Swebach Desfontaines*, Cloître Saint-Jacques-l'Hopital, nº 16.

469. Marche d'équipages.
470. Départ pour le marché.
471. Quartier des vivandiers.
472. Attaque de batterie.
473. Passage d'une rivière à gué.

Par le C. *Taillasson*, au vieux Louvre.

474. Sapho sur le point de se précipiter du rocher de Leucade, adressant encore à Phaon ses derniers soupirs et ses derniers regards. Dessin.
475. Hercule rendu furieux par la jalouse Junon, a tué sa femme et ses enfans; revenu à lui-même il se livre au désespoir.

    Ce tableau de 5 pieds 10 pouces de large, sur 4 pieds 8 pouces de haut, appartient à la Société des Amis des Arts.
476. Tête de femme.
477. Tête d'enfant.
478. Une femme à mi-corps. Tableau d'expression.

    Il appartient au C. Masson, Marchand de tableaux, rue du Coq S. Honoré.

Par le C. *Taurel*, Faubourg Poissonnière, nº 3.

479. Entrée du Port de Marseille. Marine.

    Il appartient à la Société de la réunion des Beaux-Arts.
480. Sapho se précipitant du rocher de Leucade. Marine.

    Il appartient à la même Société.

481. Fin héroïque de l'équipage du vaisseau le Vengeur. Marine.

482. Vaisseau incendié en pleine mer, l'équipage et les passagers se sauvent, partie sur la Chaloupe, et partie sur un Radeau.

483. Un Brouillard. Marine.

Par le C. *Thevenin*, rue Pelletier, n° 14.

484. Prise de la Bastille.

Le lieu de la scène est dans la 2e cour, entre les deux pont-levis. L'instant est celui où les Vainqueurs, ayant pénétré dans la Forteresse, entraînent le Goùverneur.

485. Portrait d'homme.

486. Portrait de femme.

487. Portrait d'enfant.

488. Lambesc aux Tuileries, ou le 12 Juillet 1789. Dessin.

Par le C. *Thibaut*, rue St-Martin, près le Boulevard.

Dessins à l'aquarelle.

489. Vue de la Ville Madame.

490. Vue de l'escalier de Santo-Pietro, in Montorio.

491. Vue de Rome prise d'un Couvent près l'Arc de Titus.

Par le C. *Tiboust* (Jean-Pierre), rue de la Lune, n° 121.

492. Cadre contenant des Miniatures.

Par la Citoyenne *Tornezy*, rue Saint-Pierre, quartier Montmartre, n° 388.

493. Portrait de Femme.

5 pieds 8 pouces de haut, sur 4 pieds 4 p. de large.

Par le C. *Valenciennes*, au Louvre.

494. Paysage. On y voit Enée et Didon obligés par l'orage de se réfugier dans la Grotte.
495. Paysage. Daphnis et Chloé, au moment où il la voit la première fois dans le bain.
496. Paysage. Argus et Mercure.
497. Sacrifice à Diane, au clair de la lune.
498. Pirame et Tisbé, au clair de lune.
499. Vue d'Italie.
500. Cadre renfermant plusieurs dessus de boîte.

Par la Citoyenne *Valin*, femme *Piettre*, rue Boucher, n° 5.

501. La femme Spartiate donnant un bouclier à son fils.

Sujet plusieurs fois énoncé dans ce livret.

502. Tête d'un jeune petit Savoyard.

Par le C. *Vallaert*, de Lille.

503. Un tableau représentant le vaisseau le Vengeur. Prix du Jury des Arts.

Par le C. *Vallin*, Quai des Augustins.

504. Deux tableaux, paysages et figures.

Par la Citoyenne *Vallayer-Coster*, Galleries du Louvre.

504 *bis*. Plusieurs tableaux de fleurs et nature morte.

Par le C. *Vandael*, rue du Mail, chez le Parfumeur, nº 222.

505. Quatre tableaux de fleurs, dont 2 petits, et un tableau de fleurs et fruits sous le même numéro.

Par le C. *Vander-Burch*, rue Boucher, nº 32.

506. Paysage, où l'on voit Bélisaire. Il est le modèle d'un tableau de 7 pieds, sur 9 de large, qui ne paroîtra que vers le milieu du Sallon.

Par le C. *Vangopf*, rue du Coq Saint-Honoré, nº 133.

507. Une femme pinçant de la Guitare.

508. Une femme debout et dont un enfant baise la main.

509. Une femme assise, tenant une Ariette; près d'elle, un enfant l'écoute avec plaisir.

Par le C. *Van-Pol*, rue de l'Echiquier, Fauxbourg Saint-Denis, nº 36.

510. Deux tableaux de fleurs. Tiré du cabinet du C. Saint-Leu.

Par le C. *Van-Spaendonck*, au Museum d'Histoire Naturelle, Jardin des Plantes.

510 *bis*. Un Dessin fait à l'Aquarelle représentant plusieurs pêches et du raisin de Maroc.

Par le C. *Van-Spaendonck* (Corneille), au Louvre.

511. Un vase d'Albâtre rempli de différentes fleurs,

posé sur une table de marbre, où sont quelques fruits et une branche de Lilas.

512. Différents fruits jettés sur une table de marbre, sur laquelle on voit un vase d'albâtre rempli de différens pavots.

513. Petit Tableau peint sur marbre blanc, représentant quelques pêches et une grappe de raisin.

Par le C. *Watteau*, à Lille.

514. Fête de village.

515. Paysage avec figures et animaux. Orage.

516. Paysage. Temps calme.

Par le C. *Vernet*, aux Galleries du Louvre.

517. Les courses des chars ordonnées par Achille pour les funérailles de Patrocle.

12 pieds de long sur 8 de haut.

518. Plusieurs paysages à l'huile et Dessins à l'aquarelle.

Par le C. *Vestier*.

519. Jeune Femme, tenant dans ses bras son enfant qu'elle nourrit.

520. Une femme tenant son enfant assis.

521. Portrait d'homme appuyé sur un Dessin de charpente.

522. Un Représentant du peuple avec son costume, tenant un Mémoire roulé.

523. Un jeune homme en buste.

524. Une femme tenant une Cocarde nationale.

525. Portrait de femme en buste.

526. Portrait d'homme en buste, et autres tableaux sous le même numéro.

Par le C. *Vignali*, à Rome.

527. Trois vues d'Italie.

Par le C. *Vincent*, aux Galleries du Louvre.

528. Guillaume Tell renversant la barque sur laquelle le gouverneur Guesler traversoit le lac de Lucerne. Sujet tiré de la tragédie de ce nom, *Acte V.*

Ces vers du récit de Mecthal ont inspiré l'artiste :

. . . . Il s'efforce, il approche,
Prend son carquois, s'élance avec moi sur la roche,
D'où renversant du pied la barque et nos tyrans,
Nous les avons plongés dans les flots écumans.

13 pieds de large sur 10 de haut.

Ce tableau est un des travaux d'encouragement ordonnés en 1791.

529. Deux portraits d'enfans.

530. Portrait de femme.

531. Portrait de femme.

Par le C. *Vincent* (François).

532. L'amour et l'innocence.

Par le C. *Vincent* (Louis), rue de la Magdeleine, n° 1042.

533. Tableau ovale, vue d'Italie, avec des figures qui jettent des fleurs sur un tombeau.

534. Deux petits paysages d'Italie.

Par le C. *Voille*, rue Neuve Augustin, n° 918.

535. Plusieurs portraits sous le même numéro.

SCULPTURE.

DEUXIÈME SÉRIE.

Par le C. *Beauvallet.*

1001. Buste de Guillaume Tell. En plâtre.

Quatre Dessins.

1002. La Force guidée par la Raison ramène la Paix, le Commerce, l'Abondance et les Arts.

1003. La Paix faisant hommage à la Liberté des prémices des fruits de ses bienfaits.

1004. La Tirannie renversée.

La Représentation nationale, forte d'un gouvernement juste et surveillant, a terrassé le crime, qui, dans sa chûte semble encore vouloir ébranler le gouvernement. La Renommée s'élance dans les airs pour annoncer à toute la République cette heureuse victoire.

1005. La Fidélité ne pouvant survivre à l'Amitié.

Nota. L'auteur fit ces quatre Dessins étant détenu.

Par le C. *Boichot*, grande rue Verte, n° 1142, fauxbourg Saint-Honoré.

1006. Modèle d'un Hercule, représentant la force. Cette figure est exécutée de 15 pieds de proportion sous le porche du Panthéon François; elle fait pendant à celle de la Loi, qui, quoique assise, paroît surveiller la malveillance.

Par le C. *Boizot*, au Louvre.

1007. Une Minerve.

Modèle en plâtre de six pieds de proportion. Ouvrage d'encouragement accordé en 1792.

1008. Bacchante portant un Satyre-enfant.

Modèle en plâtre de 2 pieds 3 pouces pour être exécuté en marbre de même grandeur.

1009. Une femme répandant des fleurs sur le tombeau d'un poète.

Groupe d'environ 2 pieds de proportion. Terre cuite.

1010. La Piété filiale, désignée par un jeune homme qui aide à sa mère à porter les cendres de son époux.

Groupe de 2 pieds de proportion.

1011. Quelques Dessins, dont les sujets sont désignés au bas.

Par le C. *Budelot*, rue du Coq S. Honoré, n° 124.

1012. La Liberté descend sur la terre et apporte aux hommes la déclaration des Droits. Figure de plâtre bronzé.

2 pieds de proportion.

1013. Bustes demi-nature, plâtre bronzé de Voltaire et Rousseau.

Par le C. *Chaudet*, au Louvre.

1014. Groupe en plâtre, représentant l'Instruction publique.

Proportion de 3 pieds.

1015. Une femme tenant dans ses bras le portrait de son mari.

Les deux têtes sont portraits.

1016. Paul et Virginie dans le berceau.

Modèle en plâtre. 10 pouces de long sur 9 de haut.

1017. Cadre renfermant 3 Dessins, sujets tirés de la tragédie d'Ester, appartenans au C. Didot l'aîné.

Par le C. *Couasnon*, rue de l'Arbre-Sec, n° 36.

1018. Une Flore en marbre, de deux pieds et demi de proportion.

1019. Buste du C. Préville, en plâtre.

1020. Louis Gillet, maréchal-des-logis, qui sauva une fille d'entre les mains des brigands.

1021. Portrait de l'abbé Dicquemarre, célèbre naturaliste.

Buste en plâtre bronzé.

1022. Trois autres bustes, en terre cuite.

Par le C. *Couché*, cul-de-sac Notre-Dame-des-Champs, n° 1387.

1023. Deux bouquets de fleurs sculptés en plâtre, dans des bordures sous verre. Ces 2 pendants appartiennent à l'auteur.

1024. Un bouquet sculpté en bois de poirier, appartenant à l'auteur.

Par le C. *Daiteg*, rue du Cimetière Saint-André, n° 26.

1025. Temple de la Liberté, dont le modèle en relief

est dans une des salles des archives Nationales, et a été donné par l'auteur à l'Assemblée constituante. Dessin.

1026. Modèle en relief composé de plusieurs figures, représentant l'emblême de la République Françoise.

1027. Helvétius, buste en plâtre, d'après lui, lorsqu'il vivoit.

Par le C. *Dejoux*, au Louvre.

1028. Figure colossale de la Renommée qui doit être fondue en bronze et placée au-dessus de la coupole du Panthéon François; elle a 27 pieds de proportion. Ce modele en plâtre se voit aux atteliers de la ville de Paris, au fauxbourg du Roulle, n° 194, depuis 10 heures du matin jusqu'à 6 heures du soir, pendant l'exposition des ouvrages au Sallon.

Par le C. *Delaitre*, maison du C. Martin, Vernisseur, fauxbourg Saint-Martin.

1029. Deux médaillons ronds représentans l'Egalité devant la Loi.

1030. Projet de pendule représentant l'Amour qui conduit l'Amitié à l'Hymen, qui le couronne.

Par le C. *Dumont*, au Louvre.

1031. La Liberté présentant les Droits de l'homme. Figures de 2 pieds de proportion.

1032. Le peuple François terrassant le monstre ennemi de ses droits et de sa liberté.

1033. Le peuple François vainqueur, présente la Liberté et l'Egalité.

1034. Mutius Scèvola, se brûlant le poing, en disant à Porsenna que trois cents Romains, comme lui, ont juré sa perte. Terre cuite.

1035. Paul et Virginie, surpris par le mauvais temps, s'en retournant à leur maison couverts de la jupe de Virginie. Terre cuite.

1036. Emile et Sophie; l'instant est celui où Emile ayant proposé une course à Sophie dont un gâteau étoit le but et le prix, la laisse partir la première, l'atteint, l'enlève, achève ainsi la course, lui fait toucher le but et crie victoire à Sophie. Terre cuite.

1037. Deux petites figures, l'une tenant un vase et l'autre une cuvette.

Par le C. *Espercieux*, rue Pot-de-Fer.

1038. Deux bustes, l'un d'homme et l'autre de femme.

1039. La Foi conjugale, groupe en terre cuite.

Par le C. *Houdon*, au Louvre.

1040. Le buste de Barthelemy, auteur d'Anacharsis, grandeur naturelle.

Par le C. *Julien*, au Louvre.

1041. La Tendresse maternelle, proportion de nature.

1042. Narcisse se mirant dans l'eau.

1043. Echo rebutée par Narcisse, se retirant honteuse et confuse, mais lentement, dans l'espoir que Narcisse sera touché de son amour.

1044. L'Amour adolescent, soulevant son bandeau pour bien viser celui contre qui il décoche son trait.

1045. La Charité représentée par une femme, qui donne à taiter et à boire à des enfans.

Ces 4 esquisses d'un pied de proportion.

Par le C. *Julien* (Blaise), à Poissy.

1046. Esquisses, bas-reliefs, en terre cuite. Armide et Renaud, les adieux de Renaud à Armide.

1047. La statue de la Bienfaisance recevant l'encens de la Reconnoissance.

Par le C. *Lanta*, rue Jacob, 1229.

1048. La Liberté. Modèle en plâtre.

Par le C. *Lesueur*, rue des Marais, fauxbourg Saint-Martin.

1049. Sapho adressant ses vers au buste de Phaon. Esquisse en terre.

1050. Bas-relief en plâtre, représentant trois têtes de femmes. L'Humanité, la Justice et la Vérité.

1051. Portrait d'homme en plâtre.

1052. Plusieurs Dessins sous le même numéro.

Par le C. *Lorta*.

1052 *bis*. Une figure de la Liberté.

30 pouces de proportion.

Par le C. *Lucas*, rue du Mont-Blanc, Chaussée d'Antin, n° 68.

1053. Diane surprise par Actéon. Figure en plâtre de 18 pouces de proportion.

1054. Antoine Petit, Régent de la Faculté de Médecine. Buste en terre cuite.

Par le C. *Marin*, place ci-devant Dauphine, n° 26.

1055. La citoyenne Briqueville, buste en marbre.

1056. La citoyenne Briqueville, buste en terre cuite.

1057. Le C. Anisson Duperon, buste en terre cuite, fait de mémoire.

1058. { La Douceur, / Une Bacchante, } Têtes d'étude en terre cuite.

1059. Tête de Cérès, terre cuite.

1060. Buste en plâtre d'une jeune fille coiffée d'un bonnet, exécutée en plus grand, pour le C. Pillot, amateur.

1061. Vestale. Modèle en terre.

1062. La Maternité représentée par une jeune Femme avec ses Enfans. Modèle en terre.

1063. Jeune Fille portant un Enfant sur ses épaules. Modèle en terre.

1064. Bacchante couchée et groupée avec des Enfans. Modèle en terre.

1065. Bacchante dansant et faisant danser des Enfans. Modèle en terre.

1066. Les Canadiens au Tombeau de leurs Enfans d'après l'estampe gravée par Ingouf. Modèle en terre.

Par le C. *Mérard*, rue neuve Martin, n° 88.

1067. Trois Bustes, 2 d'homme et un de femme, grandeur naturelle.

1068. Grouppe d'un Enfant avec un Dauphin.

Par la Citoyenne *Milot*.

1069. Portrait de la Citoyenne Pipelet, Auteur de Sapho. Buste en plâtre, grandeur naturelle.

1070. Portrait du C. Mentelle.

1071. Portrait de la Citoyenne ***. Buste.

Par le C. *Monnot*, au Louvre.

1072. Jeune Naïade qui se baisse pour prendre un Papillon. Modèle en plâtre de grandeur naturelle.

1073. Autre jeune Fille de 11 à 12 ans, se baissant pour attraper une mouche. Modèle en plâtre, grandeur de nature.

1074. L'Amour qui a dérobé la marotte de la Folie. Tête en marbre.

1075. Petit Portrait en plâtre.

Par le C. *Montreuil*, rue et fauxbourg Martin, n° 6.

1076. Un Rossignol mort. Terre cuite, bas-relief.

1077. Un Nid de chardonneret isolé sur un arbrisseau d'épines. La mère est en défense contre un lézard.

En marbre, hauteur d'un pied sur 10 pouces de diamètre.

Par le C. *Petitot*, rue du Fauxbourg Honoré, n° 117.

1077 *bis*. Plusieurs Bustes en plâtre, dont un bronzé.

Par le C. *Ricourt*, rue Poissonnière, n° 159.

1078. Léda se baignant, surprise par Jupiter changé en Cigne.

Modèle en plâtre, demi-nature.

1079. La chute du petit Faune, Erigone jouant du Trigli, grouppe en terre.

1080. Esquisse en plâtre du Frontispice, de 15 pieds sur 30, de la principale porte du magasin à poudre de Grenelle.

Par le C. *Roland*, au Louvre.

1081. Samson, figure en marbre de trois pieds de proportion.

Il est représenté dans le moment qu'il vient de rompre ses fers, et qu'il s'efforce de briser la colonne à laquelle il étoit attaché.

1082. Buste en terre cuite.

1083. Bacchante jouant avec des enfans et une chèvre. Modèle en terre cuite.

Par le C. *Stouf*, rue Crussol, Marais du Temple.

1084. La Vérité se débarrassant du voile qui nous la dérobe, découvre l'innocence opprimée.

Modele en plâtre de 3 pieds de proportion.

1085. La Vérité se débarrassant de son voile.

1086. La fidèle Amitié.

Deux esquisses en terre cuite.

Par le C. *Suzanne*, rue des Messageries, nº 18, fauxbourg et section Poissonnière.

1087. La République Françoise.
Terre cuite de 23 pouces de proportion.

1088. Esquisse en plâtre d'un pendantif à exécuter en pierre dans la nef septentrionale du Panthéon.
Le sujet est la Géométrie et la Théorie pratique divisant, sur le Globe terrestre, la partie de la France en départements.

1089. Buste de la citoyenne Berard, grandeur naturelle.

ARCHITECTURE.

TROISIÈME SÉRIE.

Par le C. *Bien-Aimé*, rue de l'Echiquier, fauxbourg Denys, n° 2.

2001. Plan général d'un Elisée à construire près la barrière de Mouceaux, sur un terrein dans lequel ont été déposés les corps des victimes de la tyrannie.

2002. Elévation géométrale du principal monument à ériger au centre de l'Elisée.

2003. Coupe de ce monument prise sur le diamètre de son plan.

2004. Plan général et particulier, avec l'élévation géométrale, d'une maison de campagne actuellement en construction.

Par le C. *Boulanger*, rue du Petit-Bac, n° 1149.

2005. Projet d'un hôpital, dont l'exécution auroit lieu à Grenelle. Cet hospice pourroit contenir 3400 malades environ.

2006. Elévation et coupe sur la longueur dudit hôpital.

2007. Projet d'un nouveau plan d'établissement du quartier avoisinant les Tuileries.

2008. Différens détails et distributions dudit quartier des Tuileries.

Par le C. *Brongniart*, rue Saint-Marc, n° 14.

2009. Un modèle de place sur l'ancien terrein de la Bastille.

2010. Pont projetté sur la rivière de Seine entre l'Arsenal et le Jardin des Plantes. Modèle.

2011. Détails en grand des coupes de charpente de ce pont.

2012. Plan général de ces deux projets faits en Juin 1789. Dessin.

2013. Vue perspective d'une habitation de campagne en Russie, pour le P. Galitzin.

2014. Autre vue du côté des jardins.

2015. Vue d'une maison pittoresque bâtie dans l'Elisée de Maupertuis.

2016. Vue perspective de l'intérieur d'un temple à la Réale, en conservant un baldaquin de marbre.

2017. Vue de la Réale, telle qu'elle est sur les bords de la Garonne.

2018. Vue de la même, telle qu'elle sera d'après les ouvrages commencés.

2019. Modèle d'une portion du Lavoir public de la Réale taillé dans la masse de pierre.

2020. Cadre contenant plusieurs dessins sous le même numéro.

Par le C. *Détournelle*, rue Férou, près Saint-Sulpice, n° 27.

2021. Plan. Elévation géométrale d'un Pont triomphal projetté entre l'Arsenal et le Muséum d'Histoire naturelle.

2022. Cadre renfermant un Dessin de l'entrée triomphale du Pont projetté pour la réunion du Muséum d'Histoire naturelle et l'Arsenal.

Par le C. *Dewailly*, au Louvre.

2022 *bis*. Divers projets de subdivision du Sallon par un plancher qui, le partageant dans le haut, doubleroit la superficie; d'achèvement de trois côtés de la cour du Louvre et de la Place de la Révolution; d'un Autel sous le baldaquin de Saint-Pierre à Rome, avec escalier pour descendre à l'Eglise souterraine. Sous le même numéro.

Par un C. *Inconnu*. Sous la Devise : *Sur la seule Vertu, pose la Liberté.*

2023. Projet d'un Monument pour le Pouvoir législatif. Il est conçu de manière à recevoir les deux Conseils et les Comités.

2024. Plan et élévation en deux cadres.

Par le C. *Langibout*, Entrepreneur de Bâtimens, rue du Chantre, n° 60.

2025. Plan, coupe, élévation du Four à plâtre et à chaux économique de moitié pour la consommation de bois. Ce Four peut donner 8 muids de plâtre par 24 heures et ne consumer que demi corde de bois, mesure de Paris.

Par le C. *Levasseur*, rue Sulpice ci-devant du Petit-Bourbon, n° 559.

2026. Projet d'un Palais national dans le terrein des

ci-devant Capucins de la place Vendôme, pour la tenue du Conseil des Anciens; le plan, l'élévation et la coupe.

2027. Projet de Pont triomphal élevé en face du Champ-de-Mars. Plan et élévation.

2028. Projet d'une Bibliothèque publique. Plan, coupe, élévation.

2029. Projet d'un Monument destiné aux arts d'Architecture, de Peinture et Sculpture. Plan, Coupe et élévation.

2030. Palais de Justice pour un Département. Plan, coupe, élévation.

2031. Plan général et détaillé d'un Marché considérable, pour une grande ville de Département.

2032. Temple à l'Etre suprême. Plan, coupe, élévation.

2033. Temple à la Liberté et l'Egalité. Plan, élévation.

Par le C. *Nouvion*, rue de la Magdeleine, n° 1036.

2034. Morceau d'architecture.

Par le C. *Person*, Méchanicien, ci-devant Avoué, rue des Maçons, n° 444.

2035. Modèle de la Bastille, avec ses alentours, exécuté en Buis de proportion de 2 lignes pour toise.

2036. Machine économique pour battre, vanner, cribler le grain, et retourner 3 gerbes.

2037. Machine hydraulique, réunissant dans une seule cage 8 pompes, avec réservoir, conduits et décharges, pour les épuisemens ou desséchemens.

2038. Machine sans rouages, pour la fabrication de la poudre, ou la triture de toute autre matière, avec un nouveau moyen de vuider et remplir aisément les mortiers.

2039. Brouette méchanique, pour accélérer la moisson, en suppléant au défaut de bras.

2040. Brouette méchanique, avec laquelle un seul homme peut jetter sur l'ennemi quantité de grenades à la fois et récidiver en une minutte.

Par le C. *Peyre*, quai des Miramiones, n° 106, et à Fontainebleau.

2041. Plan, coupe, élévation en perspective, d'un Cazin, projetté en 1788, pour les jardins de Kerlich sur le Rhin, dans l'Electorat de Trèves.

L'abondance des eaux venant de la montagne eût permis de former le soubassement en cascade. On en a profité pour pratiquer plusieurs fontaines dans l'intérieur du Pavillon et des Grottes. Une Volière, au centre, est entourée d'une Gallerie, qui donne entrée aux pièces principales.

Un Jet-d'eau, au milieu de la Volière, d'autres au centre des Escaliers, des fontaines dans les quatre petites Cours, eussent procuré de la fraîcheur et un spectacle d'autant plus agréable qu'elles se seroient plusieurs fois reproduites à la vue. Leur murmure et le chant des oiseaux auroient ajouté de nouveaux charmes.

Au dessus du Vestibule et du Sallon sont pratiquées des pièces ouvertes dans la voûte de la Gallerie, et au plafond du Vestibule, dans lesquelles on eût fait de la musique entendue dans tout le Cazin.

Dans de petites cours pratiquées sous celles des fontaines, d'où elles eussent tiré leur jour, on eût construit des poëles échauffant jusqu'à la Gallerie, qui elle-même en auroit eu d'autres. Dessin.

2042. Esquisse d'un plafond qui à été exécuté dans la Salle d'audience de l'Electeur de Trèves.

Le plafond, qui a été peint, est la Justice terrassant le vice.

Le sujet du lever du soleil dans cette Esquisse a été dessiné par le citoyen *Lagrenée* jeune.

2043. Elévation géométrale d'un Belveder ou Chaumière, exécuté dans un Jardin au sommet de la montagne de S. Germain en Laye. Dessin.

2044. Cadre contenant des Esquisses de supports de lampes et de chandeliers.

2045. Cadre contenant 6 petites esquisses de différens sujets.

2046. Dessin d'un Candelabre exécuté en argent pour l'Electeur de Trèves.

2047. Esquisse en perspective du Portail de l'Eglise de la Charité, à Saint Germain en Laye.

2048. Deux Dessins ronds représentant, l'un l'intérieur d'un palais, dont les fonds sont incendiés, l'autre l'intérieur du Temple de Neptune.

2049. Plans, Coupes et Elévation du projet d'un Palais national placé au centre des Monumens des

Sciences et des Arts, entre le Louvre et les Thuileries.

Ce Palais seroit élevé sur une double plate-forme. Pour ajouter encore à la dignité et au caractère de cet édifice, le sol des salles publiques et d'assemblées seroit élevé de 100 marches au-dessus de celui de la place.

Au centre seroit une Basilique ou salle d'assemblée générale; elle donneroit entrée aux deux chambres, qui néanmoins auroient leurs entrées ordinaires par des salles communiquantes également à la Basilique et par les arrivées des comités et des bureaux. Dessin.

2050. Plan, Coupe, Elévation d'une Eglise projettée en 1770 pour les Jacobins de la rue Saint-Jacques. L'entrée devoit être sur la place Saint-Michel.

2051. Vue perspective du Portail de l'Eglise projettée des Jacobins, avec quelques changemens dans le projet.

2052. Intérieur de Saint-Pierre de Rome. Dessin coloré.

2053. Plan d'un projet pour terminer l'ensemble du Louvre et des Tuileries.

On placeroit le Palais de la représentation nationale au centre de ces monumens, logeant le pouvoir exécutif dans les Tuileries sur le jardin, et en formant un Muséum des sciences et des arts du pourtour comprenant le Louvre, la Galerie, les Tuileries sur la cour et une aile de bâtiment projettée du côté de la rue Saint-Honoré.

Les entrées principales du Muséum seroient par de grands escaliers, qui prendroient naissance aux vestibules de la colonnade et du pavillon du milieu des Tuileries. Ces derniers serviroient aussi pour introduire aux appartemens de représentation du pouvoir exécutif, et aux salles d'audience des ambassadeurs.

Tout ce qui donne sur la rivière seroit consacré à l'exposition des monumens des arts et à des salles d'instruction.

Dans la partie opposée seroit la bibliothèque publique et les salles d'exposition et d'étude pour les sciences.

On parcourroit ce vaste plein-pied sans interruption. La communication s'en feroit du côté du vieux Louvre par la colonnade, et du côté des Tuileries par les salles des ambassadeurs.

Par le C. *Peyre* neveu, rue des Poitevins, n° 18.

2054. Projet d'un Muséum d'Antiquités dans le Monument des Quatre-Nations. Plan, Coupe, Elévation.

2055. Projet d'un Muséum d'Histoire naturelle, sur le Terrein du Jardin des Plantes. Plan, Coupe, Elévation.

2056. Projèt d'une Bibliothèque nationale dans le Palais du Luxembourg. Plan, Coupe, Elévation.

Par le C. *Silvestre*, rue de l'Estrapade.

2057. { Plan d'une Maison d'Education.
Elévation sur la longueur.
Coupe sur la longueur.

Par le C. *Sobre* (Jean-Nicolas), fauxbourg du Temple, n° 27.

2058. Plan, Coupe et Elévation d'un Arc de Triomphe, rappelant la journée du 6 Octobre. Ce Monument doit être placé en face du Pont de la Révolution.

Par le C. *Thierry*, rue Poupée, n° 7.

2059. Intérieur du Panthéon, avec la colonne demandée pour les grands hommes. Dessin.

2060. Vue perspective d'un Temple d'Apollon et des Muses. Dessin.

2061. Plan, Elévation et Coupe d'un Temple à la Liberté.

Par le C. *Voinier*, rue des Quatre Fils, n° 26.

2062. Projet d'un Monument en l'honneur des quatre armées de la République. Cet édifice formeroit l'entrée de Paris, du côté de Neuilly, en face du Palais National.

Il est composé de manière qu'on pourroit y adapter les deux pavillons carrés existant actuellement, et qui forment la ci-devant Barrière de l'Etoile, en sorte qu'une partie de la construction se trouve faite.

2063. Projet d'un Monument érigé en l'honneur des Manes des victimes immolées par la Tyrannie. Cet édifice seroit placé dans la partie vuide des Champs-Elysées.

La face de ce Monument décorée de colonnes d'ordre corinthien, est ouverte par une arcade et des entre-colonnemens, qui laissent voir l'intérieur de ce Temple, au milieu duquel est un groupe de Figures sur un piédestal circulaire. Ce groupe représente la France accompagnée de la Philosophie, des Sciences et des Arts. D'une main elle répand des fleurs sur l'Urne des Citoyens que la Patrie regrette, et de l'autre elle soutient l'Innocence désignée par un orphelin dans les bras de sa mère éplorée.

Un grand Bas relief orne le mur, qui fait le fond de cet édifice, autour de ce mur circulaire sont des piedestaux, où sont placés les Statues des Citoyens immolés par la Tyrannie, dont les talens et les vertus méritent d'être présentés pour modèles à la postérité.

GRAVURE.

QUATRIÈME SÉRIE.

Par le C. *Alix*, Graveur au lavis en couleur, rue Vaugirard, n° 1348.

3001. Rien de plus honteux chez les Grecs que de revenir du combat sans son bouclier, et rien de plus glorieux que d'être reporté dessus au sein de sa patrie; ce qui fit dire à une Lacédémonienne parlant à son fils, qui partoit pour combattre : *reviens avec ou dessus ton bouclier.*

Gravure imitant le lavis, d'après le C. Moitte.

Nota. Le même artiste grave le pendant d'après le même auteur. Les deux estampes paroîtront à la fin de fructidor, chez Drouchin, rue de Vaugirard, n° 1348.

3002. Cadre renfermant les portraits de Lavoisier et Francklin. Le premier peint par Garnerey d'après David.

3003. Montesquieu. Ovale.

3004. Helvétius. Ovale, d'après L. M. Vanloo.

3005. Officier Municipal d'après le Cit. Ducreux.

3006. Cadre contenant 4 costumes de différens peuples, d'après P. Chéry.

3007. Mort d'Ériphile dans la Tragédie d'Iphigénie en Aulide, d'après P. Chéry.

3008. Bérénice, dans la tragédie de ce nom, d'après P. Chéry.

Par le C. *Avril*, rue du Petit-Bourbon Saint-Sulpice.

3009. Résurection du Lazare, d'après le Sueur.

3010. Cornelie, présentant à la jeune Campanienne ses enfans, comme sa parure et ses ornemens.

3011. La mère Lacédémonienne remet à son fils un bouclier, lui disant : *reviens avec ou dessus.*

Cornelie et la Lacédémonienne font suite aux sujets d'histoire, gravés par le C. Avril, les Horaces, Coriolan, etc.

Par le C. *Balzac*, Dessinateur, quai de l'Ecole, n° 9.

3012. Deux dessins, à l'aquarelle, l'un le petit souper du grand-seigneur, l'autre une caravanne allant reposer dans un Monument triomphal.

3013. Deux dessins au bistre, l'un le Temple de la Sagesse, l'autre des ruines de bains antiques, avec des baigneurs et des curieux.

Par le C. *Cloquet*, Dessinateur, rue des Citoyennes, n° 1239, près le Luxembourg.

3014. Dessin sous verre, représentant les plans, coupes, élévations et vue perspective des différentes espèces de ruche, selon les méthodes des Sauvages et du Citoyen Lazoca.

Par le C. *Copia*, Graveur rue Boucher, n° 6.

3015. L'Amour réduit à la raison; il est pendant de la Vengeance de Cérès, d'après Prudhon.

3016. Sapho, inspirée par l'Amour, d'après Devoge.

3017. Cadre renfermant deux gravures, d'après le C. David.

3018. Le Maréchal de la Vandée, d'après le C. Sablet.

3019. Cadre contenant plusieurs gravures d'après les Cit. Prudhon et David.

Par le C. *Darcis*, Graveur et Dessinateur, rue Montmartre, n° 110.

3020. Un dessin représentant la Candeur.

3021. Dessin d'après une Médaille antique.

Par le C. *Denon*, rue J. J. Rousseau, maison Bullion.

Quatre gravures à l'eau forte.

3022. La 1re, la Samaritaine, d'après un des tableaux de Reimbrandt, du Muséum.

3023. La 2e, la Nativité d'après Maès, élève de Reimbrandt.

3024. La 3e, l'Ange partant de la maison de Tobie, d'après un tableau de Reimbrandt, aussi du Muséum.

3025. La 4e, Joseph devant Putiphar.

Par le C. *Duclos*, Graveur, rue Saint-Antoine, n° 46.

3026. Deux têtes d'étude.

3027. Deux gravures.

Par le C. *Dumarest*, Graveur en médailles, quai de l'Ecole, n° 14.

3028. Petit Cadre contenant plusieurs médailles de bronze.

Par le C. *Duplessis-Bertaux*, Dessinateur, rue de la Révolution, n° 688, Maison Lucotte.

3029. Dix Portraits de comédiens dessinés à la mine de plomb.

3030. Deux Figures de costume.

3031. Une Marche de Militaires rejoignant le Camp.

3032. Intérieur d'un Camp.

3033. Une Bataille. Un Représentant y donne des ordres à un général.

Par le C. *Duplessis* (Bertrand), Graveur.

3034. Gravure à l'eau forte représentant la fête de la Réunion.

Le C. Bonneville, Peintre, est propriétaire de cette gravure, rue du Théâtre-Français, n° 4.

Par le C. *Duruisseau*, Graveur au Lavis, de la maison de l'Agence des mines de la République, rue de l'Université, n° 291.

3035. Plusieurs Gravures au Lavis, sous le même numéro.

Par le C. *Guiot*, Graveur, rue Saint-Jacques, n° 9.

3036. Ruines de la partie intérieure d'une Basilique, gravée en couleur, d'après le tableau d'Hubert Robert, fait à Rome.

3037. Vue des Environs de Rome, d'après Pernet, gravée en couleur.

3038. Un Cadre renfermant différens sujets et Vues d'après l'Italie.

Par le C. *Lambertin*, Méchanicien.

3038 (*bis*). Machine à peler et filer les pommes de terre; et autres machines propres à la boulangerie.

Par un *Inconnu*, Dessinateur.

3039. Vue du Mont-Blanc et de la Vallée de Chamounie en Savoie, envoyée par le C. Besson, comme offrant des objets curieux.

Par le C. *La Serrie*, Amateur, rue Thomas du Louvre, n° 223.

3040. Le Sommeil de la Beauté, dessin à la Pierre-noire.

Par la Citoyenne *Metoyen*, Institutrice de Broderie des sourdes et muettes, maison de l'Institution nationale, rue Jacques, n° 115.

3041. Deux Perroquets en broderie.

3042. Un Geai de la Chine en broderie.

Par le C. *Perdriaux*, rue Tire-Chappe, n° 340.

3043. 4 Cadres contenant des gravures représentant des Plantes d'après le C. Redouté.

Par le C. *Petit*, Graveur, rue de l'Estrapade.

3044. Psiché fustigée par les furies.

Par le C. *Roger*, Dessinateur, rue Saint-Martin, n° 52.

3045. Daphnis et Philis.

Le jeune berger présente sa maîtresse à son père et lui ôte le voile dont sa pudeur s'étoit couvert le visage en disant au vieillard : vois, mon père, vois comme elle est belle et vertueuse. Sujet tiré de Gesner.

Par le C. *Ruotte*, Graveur, rue du Mont-Blanc, n° 70.

3046. L'union, d'après Lethiere.

3047. Tête de la Liberté, d'après le C. Boisset.

Par le C. *Vincent* de Mont-Petit, Ph. et Méchan., rue du Gros-Chenet, n° 3.

3048. Modèle d'un Pont de fer, dont les dimentions sont en raport de 250 pieds d'ouverture, pour être jetté sur un bras de rivière, comme celui de la Seine entre l'île Saint-Louis et celle de la Cité.

Ce Pont se soutenant par lui-même sans poussée sur les culées, calculé sur trois systèmes de pression, d'extention et de suspension.

Ce Modèle a environ 3 pieds et demi de longueur sur un pied de hauteur et autant de largeur.

Cet Artiste est auteur du grand pont de fer d'une seule arche de 400 pieds d'ouverture, qui avoit été proposé en 1777, pour la place dite aujourd'hui de la Révolution.

L'auteur, pour prouver qu'un Pont de fer pouvoit s'établir en plaine, comme en pays de montagnes, a choisi la jonction de l'Isle Saint-Louis à celle de Notre-Dame.

FIN.

Nogent-le-Rotrou, imprimerie de A. Gouverneur.

CONDITIONS DE LA SOUSCRIPTION

RÉIMPRESSION DES ANCIENS LIVRETS

Chaque [illegible] nant le prix [illegible]

De 1 fr. [illegible]

De 2 fr. [illegible] de Hollande [illegible]

De 3 fr. [illegible] Chine.

Les [illegible] domicile [illegible] ou de [illegible] se les [illegible] envoyer [illegible] payant en sus [illegible] poste, [illegible] de souscription.

On [illegible]

Chez MM. [illegible] et Dufour, libraires, [illegible] rue des Saints-Pères [illegible].

On trouve à la même librairie

Le duc [illegible] Louis XIV, rapport sur l'administration des [illegible] par le Roi [illegible] avec une [illegible] J. J. Guiffrey.

Sous presse,

LES ARTISTES FRANÇAIS, NOTICES ET [illegible] pour faire suite aux *Archives de l'art français*, publiés par MM. An. de Montaiglon et J. J. Guiffrey. Un fort volume sur papier vergé tiré à petit nombre, titre en deux couleurs. Prix, 12 fr.

Nogent-le-Rotrou, Imprimerie de A. Gouverneur.

www.ingramcontent.com/pod-product-compliance
Lightning Source LLC
LaVergne TN
LVHW020423230826
846091LV00004B/1383

* 9 7 8 2 0 1 3 6 8 6 4 6 4 *